RAFAEL

El Autor

Richard Webster es autor de veintiocho libros publicados por
Llewellyn durante la década pasada, además de muchos publicados en Nueva Zelanda y otras partes. Reside en Nueva
Zelanda, y viaja frecuentemente dirigiendo talleres, seminarios
y conferencias sobre los temas que escribe.

COMUNICÁNDOSE
CON EL ARCÁNGEL

RAFAEL

PARA LA CURACIÓN Y LA CREATIVIDAD

Richard Webster

**Traducido al idioma español por
Héctor Ramírez y Edgar Rojas**

Llewellyn Español
Woodbury, Minnesota

Primera Edición
primera impresión, 2005

Coordinación y Edición: Edgar Rojas
Cubierta: ©2004, Neal Armstrong / Koralik & Associates
Diseño de la cubierta: Gavin Dayton Duffy
Diseño interior: Michael Maupin
Editor colaborador: Maria Teresa Rojas
Título original: Raphael
Traducción al idioma español: Héctor Ramírez y Edgar Rojas

Biblioteca del Congreso. Información sobre esta publicación (Pendiente)
Library of Congress Cataloging-in-Publication Data (Pending).

Webster, Richard, 1946–

ISBN: 978-0-7387-0745-7

Llewellyn Español
Una división de Llewellyn Worldwide, Ltd.
2143 Wooddale Drive; Dept. 978-0-7387-0745-7
Woodbury, MN 55125-2989 U.S.A.
www.llewellynespanol.com
Impreso en los Estados Unidos de América

La serie de los Arcángeles
por Richard Webster

Gabriel

Miguel

Rafael

Uriel

También disponibles en inglés

Para mis buenos amigos
Ed y Bobbi Fowler

CONTENIDO

Introducción

Rafael preside los espíritus de los hombres.

—Enoc

A UNQUE yo iba a una escuela religiosa, aprendí poco sobre ángeles hasta mediados de la década de 1960, cuando entré a la Theosophical Society (Sociedad Teosófica). Fui afortunado porque uno de sus oradores regulares era Geoffrey Hodson (1886–1983), el conocido autor de muchos libros, incluyendo *The Coming of The Angels, The Angelic Hosts* y *the Kingdom of the Gods*. Era un maravilloso orador, y yo disfrutaba todas sus conferencias.

Una noche habló sobre Rafael, y quedé fascinado por conocer el rol en la curación de este arcángel. Mi padre era cirujano, y unos meses antes había ayudado a organizar un servicio especial en una iglesia local para conmemorar a San Lucas, "el amado médico". Mi padre no tenía tiempo para una religión organizada, pero estaba involucrado porque era el presidente de una sociedad médica. Mientras él trabajaba en este proyecto, leyó acerca de San Lucas y compartió lo que había aprendido con el resto de la familia. Por consiguiente, creí que San Lucas era el padre de la medicina, y me sorprendí cuando Geoffrey Hodson me dijo que Rafael era más importante que lo que fue San Lucas en lo que a curación se refiere. Esto despertó mi interés en Rafael, y pasé mucho tiempo aprendiendo sobre él, antes de extender mi interés a los otros arcángeles.

Antes de ver los arcángeles, y a Rafael en particular, debemos empezar preguntando: "¿qué son los ángeles?". Santo Tomás de Aquino (1225–1274), a menudo llamado el "doctor angélico", los definía como "seres puramente espirituales, intelectuales y no corpóreos, con 'sustancias'".[1] Aunque los ángeles son seres espirituales, pueden interactuar con el mundo físico cuando es necesario. Por ejemplo, el ángel del Señor en la resurrección de Cristo pudo remover la pesada roca que cerraba la tumba (Mateo 28:2, Marcos 16:3–4). Los ángeles también son sobrehumanos. En el libro de la Revelación 7:1, Juan menciona "cuatro ángeles en pie sobre los cuatro ángulos de la tierra, reteniendo los cuatro vientos de la tierra". Los ángeles poseen sabiduría, emoción y libre albedrío. Saben la diferencia entre el bien y el mal (2 Samuel 14:17–20), y anhelan comprender el plan de Dios para la humanidad (1 Pedro 1:10–12). Se regocijan cuando un pecador se arrepiente (Lucas 15:10), y escogen obedecer la palabra de Dios (Salmos 103:20, Revelación 22:8–9). Son seres santos y espirituales que adoran y sirven a Dios; su rol más importante es actuar como mensajeros entre la Divinidad y la raza humana.

Hace algunos años, un conocido mío me dijo que no creía en los ángeles, pero deseaba creer. Le dije que podía cambiar sus creencias con un simple proceso de tres pasos. Desafortunadamente, no estaba interesado en esto, y supongo que todavía está queriendo creer en los ángeles.

Si usted, al igual que él, le gustaría creer en los ángeles pero no está totalmente seguro de que puede aceptarlos, necesita trabajar su mente con nuevas formas de pensar. Los tres pasos son: oración, afirmaciones e imaginación. Empiece rezándole a Dios y pidiendo una experiencia angélica. Si no le gusta la idea del término "Dios", órele a la "fuente de vida universal" o cualquier otra fuerza más grande que usted. Si tiene prisa, podría comunicarse directamente con Rafael, pues él responde de inmediato.

A pesar de que tal vez se lo enseñaron cuando era niño, no es necesario arrodillarse junto a la cama para rezar; puede decir mentalmente sus oraciones en el momento que quiera. Las mejores oraciones son las dichas sencillamente y con total fe. Recuerde las palabras de Jesús: "todo lo que pidiereis orando, creed que lo recibiréis, y os vendrá" (Marcos 11:24). "Y todo lo que pidiereis en oración, creyendo, lo recibiréis" (Mateo 21:22).

En sus ratos libres, afirme que está abierto a la existencia de los ángeles. Las afirmaciones son dichos que repetimos a nosotros mismos una y otra vez, hasta que la mente los acepte como realidad. Actualmente encuentro mucho menos aburrido esperar en la fila, porque uso ese tiempo para decirme afirmaciones. Usted podría decir afirmaciones como estas: "atraigo ángeles"; "constantemente soy ayudado y apoyado por ángeles"; "con la ayuda del reino angélico, puedo hacer lo que quiera"; "acudo a los ángeles en cualquier momento que necesito ayuda".

En la noche, preferiblemente mientras está en cama esperando dormirse, imagínese comunicándose con ángeles. Haciendo esto, se está abriendo a la posibilidad de encuentros angélicos. He visto estas técnicas simples ayudar a muchas personas a través de los años. Por alguna razón, parecen funcionar mejor cuando se usan los tres pasos. Siga haciendo esto hasta que sus creencias acerca de los ángeles hayan cambiado. Este método sirve para una variedad de problemas que impiden que la gente haga contacto angélico. Una mujer que conocí creía que los ángeles se comunicaban con personas en el pasado, pero ya no lo hacían. Poco después, usando este método de tres pasos, ella experimentó su primera comunicación con un ángel. Su incredulidad era lo que había impedido que esto ocurriera años antes.

A través de los años he conocido mucha gente que afirma no creer en los ángeles. Probablemente he conocido una cantidad igual de personas que sí creen. Uno de los argumentos que exponen los incrédulos es que los ángeles son mentes sin cuerpos; por consiguiente, es imposible que existan. Otro argumento que me dicen es que estas entidades provienen de la religión primitiva, pero la gente moderna ya no cree en cosas como esa. Un punto de vista interesante que oigo de vez en cuando es que los ángeles no existen, pues son simplemente parte del intrincado simbolismo religioso proyectado por la mente humana. Las personas que no creen en Dios, o en un poder superior, obviamente no aceptan la existencia de los ángeles.

Quienes creen en los ángeles tienen un punto de vista totalmente distinto. Muchos creen porque los han visto o se han comunicado con ellos de algún otro modo. Otros creen porque han tomado seriamente la Biblia, el Corán y otros libros sagrados. Hay quienes sostienen el criterio filosófico de que Dios necesita mensajeros, y los ángeles son la forma lógica de lograr esto. Este era el argumento apoyado por Santo Tomás de Aquino. Otros, naturalmente, siempre han creído en los ángeles, pero nunca han pensado seriamente en el tema.

A través de los años he tenido innumerables discusiones con personas en torno a los ángeles, y concluido que la creencia en ellos es una decisión personal que usualmente proviene de un conocimiento interior o una experiencia personal. En mi caso, fue una experiencia que es relatada en *Ángeles Guardianes y Guías Espirituales.*[2] Alrededor de mis veinticinco años de edad, atravesé una época difícil, y mi ángel guardián llegó a ayudarme.

Los ángeles son seres de espíritu puro. Santo Tomás de Aquino, el doctor angélico, creía que eran "puro intelecto", y por consiguiente sin materia. Meister Eckhart (c. 1260–c. 1327) escribió: "eso es todo lo que es un ángel; una idea de Dios". El filósofo español Maimónides (1138–1204) creía que las apariciones angélicas eran "expresiones figurativas". Emmanuel Swedenborg (1688–1772), el científico y teólogo sueco, creía que podíamos ver ángeles sólo a través del alma, o nuestro ojo interior. Entre más puros seamos de corazón, pensaba él, es más probable que veamos ángeles.

William Booth (1829–1912), el fundador del Ejército de salvación, obviamente era puro de corazón; él tuvo una visión de ángeles rodeados por una luz brillante e irisada.

Todos podemos contactar el reino angélico para tener dirección, protección e inspiración. La gente experimenta a los ángeles de diferentes formas. Algunos sienten su presencia, otros los oyen, muchos se comunican con ellos en los sueños, y algunos logran verlos.

En este libro aprenderá a comunicarse con los ángeles, y el arcángel Rafael en particular, de diversas formas. No debe esperar hasta que ocurra una crisis en su vida para ponerse en contacto con los ángeles. Ellos quieren ser parte de su vida cotidiana, y están esperando que les pida que lleguen a usted.

Los ángeles usualmente son mostrados como humanos particularmente bellos y adornados con alas. Éstas sirven para un propósito útil, pues demuestran simbólicamente que los ángeles viven en un nivel que los simples mortales nunca alcanzaremos. Las alas también simbolizan el hecho de que los ángeles pueden viajar a la velocidad del pensamiento. Los filósofos medievales creían que estos seres no empleaban sus alas para volar; simplemente pensaban a dónde querían ir, y de inmediato eran transportados ahí. En el Antiguo Testamento, los ángeles se manifestaban en forma humana y no parecían poseer alas. Sin embargo, ellos tienen la capacidad de aparecer en la forma que deseen, dependiendo de la situación.

Los ángeles nos traen mensajes de Dios, y también participan en asuntos humanos, especialmente como confortadores y protectores. Su principal tarea es alabar y servir a Dios. A diferencia de los guías espirituales, quienes anteriormente vivieron como humanos, los ángeles nunca han sido humanos. Hay un par de excepciones conocidas de esto. Se cree que Enoc ascendió al cielo y se convirtió en Metatrón, jefe de todos los ángeles. Algunos creen que San Francisco de Asís también se convirtió en ángel después de su vida en la tierra. Los ángeles están dispuestos a ayudarnos cada vez que lo necesitemos; todo lo que debemos hacer es pedirlo. Si nuestra causa es honesta y ética, la ayuda llegará. No obstante, también tenemos que hacer nuestro propio esfuerzo; no podemos sentarnos y esperar que el reino angélico haga el trabajo por nosotros.

Los ángeles también aparecen no anunciados en tiempos de crisis. John Greenleaf Whittier expresó muy bien esto cuando escribió:

Con silencio solamente como su bendición, los ángeles de Dios llegan, donde, en el silencio de una gran aflicción, el alma permanece muda.

El Venerable Beda (c. 672–735 C.E.), el teólogo anglosajón, es más conocido actualmente por su libro *Historia ecclesiastica gentis Anglorum* ("Historia eclesiástica del pueblo inglés"). En este libro él cuenta una interesante historia de un ángel que llegó no anunciado para ayudar al poeta Cedmón (sus años productivos fueron durante 658–680. Se desconoce la fecha de su nacimiento y muerte). Cedmón es recordado como el primer poeta cristiano del inglés antiguo, y se cree que su himno a la creación es el poema más importante de su período. Desafortunadamente, sólo quedan nueve líneas de él. Al parecer, cuando Cedmón era joven, no podía cantar, y esto le causó desconcierto y humillación. Cada noche, en su aldea, las personas tomaban el turno para recitar poesía y cantar canciones. Cedmón se escabullía y caminaba en las colinas hasta que

todos se iban a dormir. Una noche, mientras estaba en las colinas sintiéndose miserable, un ángel apareció y le dijo que can-
tara. Para su asombro, Cedmón descubrió que tenía buena voz
y podía cantar, y regresó a la aldea como un hombre cambiado. El ángel también le dio el don de traducir la Sagrada
Escritura en poesía vernácula. Cedmón inició su vida como
un campecino analfabeto, pero después de su experiencia
angélica ganó confianza para finalmente convertirse en un
poeta famoso.[3]

Los ángeles no tienen género. Debido a que fueron creados al mismo tiempo y no mueren, no hay necesidad de que
se reproduzcan. Usted podría percibir un ángel como femenino, mientras alguien más tal vez sentiría que ese ángel es
masculino. Esto se debe a que vemos aspectos diferentes del
mismo ángel. Los ángeles tienen sus energías masculinas y
femeninas en un estado de equilibrio, y para ellos hay intereses mucho más importantes que el sexo. El género no tiene
significado para los ángeles.

Podemos acudir a un ángel en cualquier momento. He
conocido personas que dudan en hacer esto, diciendo que
son poco importantes para molestar a un ángel. Desde luego
que este no es el caso. Somos seres espirituales, y nuestra alma
está emprendiendo un viaje místico que nos guiará a nuestro
destino cósmico. Sin importar quiénes seamos, somos importantes para Dios, y no debemos dudar en pedir ayuda cuando
la necesitemos.

En realidad, ya tenemos un ángel especial que ha estado siempre con nosotros; se trata de nuestro ángel guardián. Este ángel nos conoce mejor que nosotros mismos, y existe sólo para protegernos, guiarnos y aconsejarnos. Sin embargo, usualmente no interfiere en lo que estamos haciendo, a menos que pidamos ayuda. Esto es porque contratiempos y desgracias de diversas clases a menudo son exactamente lo que necesitamos para nuestro progreso y desarrollo particular. Para resolver problemas menores , deberíamos primero contactar a nuestro ángel guardián.

Como sabemos, la vida no consiste solamente en problemas menores. Todos experimentamos dificultades a medida que avanzamos en la vida, y a veces es mejor acudir a un ángel o arcángel específico cuando tenemos un problema mayor.

Los arcángeles son mucho más poderosos que otros ángeles. Cuando se aparecen a la gente, usualmente las primeras palabras expresadas son "no temas". Esto se debe a que la visión de ellos, cuando aparecen inesperadamente, inspira temor y asombro. La energía y vibraciones de los arcángeles también son intensas. Daniel perdió el conocimiento cuando el arcángel Gabriel se le apareció por primera vez (Daniel 8). Por consiguiente, los arcángeles suelen amortiguar sus vibraciones antes de hacerse visibles. También aparecen con frecuencia como personas, y sólo son reconocidos después por lo que en realidad son.

Generalmente, Rafael está involucrado en su trabajo curativo a escala universal. Sin embargo, a pesar de su importancia, él aún está listo para ayudarnos cada vez que lo necesitemos. Si nuestros problemas tienen que ver con honestidad, creatividad, educación, curación, viajes, integridad o unidad, debemos acudir a Rafael por ayuda y consejos. Este libro le mostrará cómo hacer exactamente eso.

Uno

¿QUIÉN ES RAFAEL?

Rafael está encargado de curar la tierra, y a través de él . . .
la tierra provee una morada para el hombre, a quien también
cura.

—El Zóhar

EL concepto de un ángel guardián personal era popular,
incluso antes de que Hermas pusiera por escrito sus
experiencias con su ángel-pastor en aproximadamente el año
150. Su libro fue llamado *The Shepherd of Hermas* (El pastor
de Hermas). Todos tenemos un ángel guardián personal. Sin
embargo, la humanidad en general también tiene uno: Rafael.
Los primeros cristianos creían que Rafael era quien se apare-
cía a los pastores por la noche, trayéndoles "buenas noticias
de gran alegría, que serán para toda la gente".[1]

Rafael es conocido como el "médico divino". Esto no es sorprendente, pues el nombre "Rafael" significa "Dios cura", y este
arcángel siempre ha sido asociado con la curación de problemas físicos, emocionales y espirituales. Hay muchas leyendas
acerca de sus capacidades curativas. Por ejemplo, se dice que

curó a Abraham después de su circuncisión. También sanó la cadera dislocada de Jacob después de haber luchado contra un adversario oscuro en Peniel.[2]

En Enoc 1:40, se dice que Rafael es "una de las cuatro presencias, puesto sobre todas las enfermedades y heridas de los hijos de los hombres". El mismo Rafael responde la pregunta de quién es él, en Tobías (12:15), uno de los *Libros Apócrifos*. Dijo: "soy Rafael, uno de los siete ángeles sagrados, que presentan las oraciones de los santos, y que entran y salen ante la gloria del Santo".

Rafael y Tobías

La historia de Tobías es fascinante. Él era un hombre bueno, honrado y piadoso, que ayudaba a otros en lo que estaba a su alcance; tenía una esposa llamada Ana y un hijo llamado Tobías. Durante muchos años la familia prosperó, pero debido a que Tobías permanecía leal a sus creencias religiosas, fue amenazado de muerte y le quitaron todos sus bienes. Muchos de los judíos eran tenidos cautivos en Nínive, y el rey Senaquerib no dejaba que la gente enterrara a sus muertos. Sin embargo, Tobías, junto con otras almas valientes, se opuso al rey y secretamente sepultaba los cadáveres.

Una noche, cuando tenía cincuenta años de edad, Tobías estaba a punto de sentarse a comer cuando oyó que otro cuerpo necesitaba ser enterrado. De inmediato salió de la casa e hizo este trabajo. Sin embargo, como sus vestiduras habían sido impregnadas del olor del cuerpo, no regresó a su casa, sino que durmió afuera junto a un muro en su patio. Su cabeza quedo descubierta. Durante la noche, el excremento de gorriones que descansaban sobre el muro cayó en sus ojos, y cuando despertó, estaba totalmente ciego. Nadie podía curarlo y, debido a que ya no tenía la capacidad de trabajar, Ana tuvo que ganar dinero para sustentar la familia. Tobías se sentía avergonzado por esto.

Tobías se deprimió y al final, ocho años después, envió una oración al cielo pidiendo la muerte. En ese instante, otra oración similar también llegó al cielo; ésta era de Sara, la hija de Raguel. Sus siete esposos habían sido muertos por el demonio Asmodeo antes de que alguno de sus matrimonios fuera consumado.[3] Dios envió a Rafael para responder las oraciones de Tobías y Sara.

Mientras esperaba la muerte, Tobías empezó a dejar en orden sus asuntos. Le pidió a Tobías, su único hijo, que fuera a Media a cobrar un dinero que le debía Gabael, un socio comercial. Pidió a Tobías que encontrara a alguien que viajara con él por seguridad, y dijo que le pagaría al hombre por su tiempo y trabajo. A Tobías le tomó un tiempo hallar a alguien que viajara a Media con él. Este era un hombre llamado Azarías, quien dijo que estaba lejanamente emparentado con Tobías padre. En realidad, Azarías era Rafael en forma humana, pero Tobías hijo no lo sabía. Sin saber quién era Azarías, Tobías se despidió de su hijo diciendo: "Dios, que mora en el cielo, prospera tu viaje, y el ángel de Dios te acompaña" (Tobías 5:16).

Tobías y Azarías salieron para Media. Acamparon junto al río Tigris la primera noche. Cuando Tobías se bañaba en el río, apareció un enorme pez que parecía que se lo iba a tragar entero. Rafael le dijo que lo cogiera, lo cual Tobías pudo hacer. Cuando el pez estaba seguro en la orilla, él pidió a Tobías que le cortara el corazón, hígado y vesícula biliar. Cocinaron y comieron el resto del pescado esa noche. Tobías tenía la curiosidad de saber por qué Azarías había conservado el corazón, hígado y vesícula del pez. Azarías dijo que un humo hecho con el corazón y el hígado exorcizarían espíritus malignos, mientras la vesícula restauraría la vista de un hombre con una película blanca en los ojos.

Los dos continuaron el viaje. Cuando estaban cerca de Media, Azarías dijo a Tobías que debían quedarse en la casa de Raguel, y él debería casarse con Sara, la hija de Raguel. Naturalmente, Tobías se preocupó mucho al enterarse de que los siete anteriores esposos de Sara habían muerto en la noche de bodas. Azarías le aseguró que todo saldría bien; sólo debía poner parte del corazón y el hígado del pez sobre incienso para crear humo. El demonio se alejaría de Sara tan pronto como oliera el humo, y nunca regresaría.

Todo salió de acuerdo al plan. El demonio Asmodeo huyó a "las partes más elevadas de Egipto" cuando olió el humo, y Rafael lo ató. Todos quedaron encantados cuando Tobías y Sara salieron del cuarto nupcial la mañana siguiente. Nadie estaba más emocionado que Raguel, el padre de Sara, quien se había levantado en la noche y preparado una tumba para Tobías.

Las celebraciones de la boda duraron catorce días, y luego Tobías regresó a Nínive con su esposa, Sara, y Azarías. Ana la madre de Tobías, le pidió que untara los ojos de su padre con la vesícula del pez. Esto hizo que los ojos de Tobías padre le picaran; él los frotó, la blancura disminuyó, y su vista se restableció milagrosamente. La familia quedó llena de alegría y ofreció a Azarías la mitad del dinero que habían traído de Media.

Luego Azarías les dijo que en realidad era Rafael. Tobías padre y Tobías hijo cayeron al suelo aterrados, pero el arcángel les dijo que no tuvieran miedo. Dijo que había llevado las oraciones de Tobías directo a Dios; les indicó a los hombres que llevaran una vida buena y justa, alabaran a Dios, y pusieran por escrito lo que había sucedido. Tobías vivió hasta los 158 años. Tobías hijo y Sara disfrutaron un matrimonio largo y feliz, y tuvieron seis hijos. Rafael, naturalmente, sigue ejerciendo su ministerio de curación.

No es sorprendente que la historia de Tobías haya permanecido tan popular. Nos indica que nunca estamos solos, porque siempre tenemos un compañero angélico que actúa como una fuerza curativa que nos permite ser lo mejor que podemos ser. La historia también nos estimula a correr un riesgo y no tener miedo al fracaso.

El libro de Enoc

Rafael figura varias veces en *El Libro de Enoc*. En el capítulo 9, versículo 1, Miguel, Sariel, Rafael y Gabriel miraron la tierra desde el cielo y vieron que "estaba llena de maldad y violencia". Esta es posiblemente la mención más antigua de los cuatro arcángeles.[4] El segundo ángel, Sariel, es llamado con ese nombre tres veces en *El Libro de Enoc* (9:1; 10:1; 20:6). Sin embargo, en prácticamente todas las otras listas de los arcángeles, Sariel es reemplazado por Uriel. No obstante, Sariel no es otro nombre para Uriel, pues en Enoc 20:2–6, ambos arcángeles son mencionados. En el versículo 5, se dice que Rafael está "sobre los espíritus de los hombres".

Los arcángeles estaban preocupados por el comportamiento de los Vigilantes, quienes juegan un papel importante en *Enoc 1*. Los vigilantes eran ángeles que codiciaron mujeres humanas. La descendencia de su unión fue una raza de gigantes conocida como nefilim. Los vigilantes son llamados "hijos de Dios" en la Biblia (Job 1:6). Eran guiados por Semhazah y Asa'el. Introdujeron la guerra, cosméticos, joyas, hechizos mágicos y astrología en la raza humana, destruyendo la edad de la inocencia.

No es sorprendente que Dios llamara a los ángeles rectos para castigar a los vigilantes. Dios le pidió a Rafael que "atara a Asa'el; encadénalo en manos y pies y lánzalo a la oscuridad; haz una abertura en el desierto... y tíralo ahí. Y coloca sobre él rocas dentadas y ásperas, cúbrelo con oscuridad y déjalo ahí todo el tiempo, y cubre su cara para que no pueda ver la luz" (Enoc 10:4–5). Miguel capturó a Semhazah y los otros, y fueron aprisionados bajo tierra durante setenta generaciones. Gabriel arregló las cosas para que los nefilim pelearan entre sí hasta que no quedara ninguno.

Enoc presenció todos estos sucesos, y oró a Dios para que los vigilantes fueran perdonados. Sin embargo, Dios decretó que los castigos continuaran. Después de esto, Enoc fue llevado por los arcángeles a recorrer los siete cielos.

Rafael y Noé

A Rafael se le atribuye ayudar a Noé a adquirir el conocimiento que necesitaba para construir su arca. Según la leyenda judía, Rafael también dio a Noé un libro médico una vez que el diluvio cesó. Se cree que este fue el *Sefer Raziel*, el *Libro del*

Ángel Raziel.[5] Este es en gran parte un libro de hechizos que se dice que Raziel dio a Adán. Desafortunadamente, el libro desapareció y fue considerado perdido, hasta que Rafael se lo entregó a Noé.

Rafael y Salomón

Rafael también ayudó a Salomón a construir el gran templo. Al parecer, Salomón estaba teniendo dificultades y rezó a Dios por ayuda. Dios le dio a Rafael un anillo especial para que se lo entregara a Salomón. El sello sobre este anillo mágico era un pentagrama, que todavía es una de las herramientas más importantes en magia ceremonial. A consecuencia de esto, muchas personas consideran a Rafael como el ángel de las herramientas mágicas y los milagros que pueden crear. El pentagrama es uno de los símbolos médicos más antiguos, y esto probablemente se debe a su asociación con Rafael.[6] El anillo le permitió a Salomón disponer de miles de demonios para trabajar como obreros para ayudar a terminar el templo.

Muchos textos religiosos judíos antiguos se han preservado durante miles de años; son llamados colectivamente *Pseudepi-grapha*. Se dice que un personaje histórico fue el autor. Los libros de Enoc son un ejemplo. Otro es el *Testamento de Salomón,* que fue escrito en los primeros tres siglos de la era cristiana.

El libro dice cómo un demonio llamado Ornias estaba chupando el dedo pulgar de un niño, haciéndole perder peso y fuerza. Salomón rezó por ayuda, y Miguel le llevó un anillo que le permitía capturar todos los demonios. Este parece ser un anillo diferente al que Rafael dio a Salomón, quien lo usó

para capturar e interrogar a Ornias. Finalmente éste llamó a
Belcebú, quien también fue sometido por el anillo. De mala
gana, él aceptó traerle a Salomón todos los demonios. Salomón interrogó la enorme cantidad de demonios que apare-
cieron, conociendo sus nombres, poderes, signos astrológicos,
y también los nombres de los ángeles que eran lo suficientemente fuertes para derrotarlos. Entre este grupo se encontraba un demonio llamado Oropel, quien tenía la capacidad
de producir dolor de garganta en la gente; sin embargo, huía
cada vez que el nombre de Rafael era mencionado.[7]

El estanque de Betesda

Muchas personas creen que Rafael es el ángel que entró al
estanque de Betesda. En el *Evangelio según San Juan* 5:2–4,
leemos:

> Y hay en Jerusalén, cerca de la puerta de las ovejas,
> un estanque, llamado en hebreo Betesda, el cual tiene
> cinco pórticos. En éstos yacía una multitud de enfer-
> mos, ciegos, cojos y paralíticos, que esperaban el
> movimiento del agua. Porque un ángel descendía de
> tiempo en tiempo al estanque, y agitaba el agua; y el
> que primero descendía al estanque después del
> movimiento del agua, quedaba sano de cualquier
> enfermedad que tuviese.

Es muy probable que este ángel sea Rafael. Después de
todo, su nombre significa "Dios cura", y él es famoso por
restablecer la vista de Tobías.

Rafael en la literatura

Rafael también aparece en la literatura. En *Paradise Lost,* (El paraíso perdido), de John Milton, Rafael es enviado por Dios para advertirles a Adán y Eva que no lo desobedezcan. En este poema épico, Rafael es descrito como generoso, bondadoso y amoroso:

El afable arcángel Rafael;
el espíritu sociable que se dignó
a viajar con Tobías, y aseguró
su matrimonio con la doncella siete veces casada.
(V:220)

Según Milton, Rafael tuvo una larga conversación con Adán, en la cual discutieron varios temas, incluyendo la vida en el cielo y la tierra. Después de hablar de la reciente guerra en el cielo, y de si hay vida en el espacio exterior, surgió el tema del sexo. Paradise Lost difiere de la mayoría de relatos sobre el jardín del Edén, pues Adán y Eva pueden hacer el amor las veces que quieran, siempre que dejen quieta la fruta prohibida del árbol del conocimiento. Naturalmente, Adán pregunta si los ángeles tienen sexo. Rafael se ruborizó, mientras explicaba que los ángeles disfrutan el sexo espiritual:

Nosotros disfrutamos
en eminencia, y sin encontrar obstáculos
de membrana, articulación o miembro,
impedimentos exclusivos.
Más fácil que aire con aire, si los espíritus se abrazan,
totalmente se mezclan, unión de puro con puro
deseándose. (VIII:623–628)

Al final de la conversación, Rafael le dijo a Adán que tuviera cuidado de los engaños de Satanás y se mantuviera alejado de la fruta prohibida. Por desgracia, su consejo fue ignorado. No obstante, Adán bendijo a Rafael antes de que se marchara:

Ya que partes,
¡ve, huésped celestial, mensajero etéreo,
enviado de cuya soberana bondad adoro!
Benévolo conmigo y afable ha sido
tu dignación, y será honrada siempre
con recuerdo agradecido. ¡Con la humanidad
sé aún bueno y amigable, y regresa a menudo!
(VIII:645)

La parte final de *Paradise Lost* dice cómo Adán y Eva salieron del jardín del Edén cogidos de la mano. A pesar de este fin aparentemente triste, John Milton pretendía que su poema fuera positivo, señalando el hecho de que Adán y Eva nos permitieron trabajar por nuestra salvación. Si todavía viviéramos en el jardín del Edén, no tendríamos la oportunidad de ejercer el libre albedrío.

Rafael en el arte

Rafael también ha sido una figura popular en el arte religioso. Normalmente es mostrado como un peregrino o viajero, usando togas casuales y llevando un bastón. A menudo carga una cantimplora o morral colgado en su cinturón. En ocasiones, especialmente cuando aparece como ángel guardián, lleva una espada. También suele cargar un pequeño estuche que contiene el amuleto contra los espíritus malignos que hizo del pez que trató de devorar a Tobías. Debido a la popularidad de la historia en el *Libro de Tobías*, Rafael es frecuentemente mostrado con Tobías hijo y Tobías padre.

Tal vez no es sorprendente que el célebre artista Rafael pintara dos veces a Rafael. En una de sus obras más famosas, el arcángel Rafael aparece presentando a Tobías como un infante a la Virgen María, quien tiene en sus brazos al niño Jesús. Tobías sostiene un pequeño pez.

Otros artistas que han pintado a Rafael incluyen a Botticelli, Titian, Claude Lorraine y Rembrandt. Este último en particular parecía estar fascinado con la historia; hizo cuatro pinturas de Tobías dejando a sus padres, cuatro de Tobías siendo guiado por Rafael, una de Tobías curando la ceguera de su padre, y dos de la partida de Rafael.[8]

Rafael, el maestro y curador

Rafael siempre ha sido asociado con la curación y la enseñanza. Debido a que es el ángel de la sanación, es responsable de la integridad, unidad y todas las formas de curación, incluyendo la mental, emocional, espiritual y física. Él puede sanar las relaciones entre dos personas tan fácilmente como entre dos países; su tarea es curar las heridas de la humanidad. Combina la enseñanza y la curación cuando nos hace aprender de las heridas que nos causamos por nuestras propias acciones. Rafael nos permite reconectarnos con el amor divino; nos enseña que siempre estamos rodeados y envueltos por el amor, incluso cuando no somos conscientes de ello.

Rafael también tiene otros roles importantes; se sitúa en el Este y rige el elemento aire, su día de la semana es el miércoles, y su planeta es Mercurio.[9] Está encargado de la creatividad y cuida los intereses de los jóvenes. Tiene un interés especial en ayudar a las personas a que desarrollen la espiritualidad, y frecuentemente ayuda a quienes están considerando una peregrinación. Por eso los artistas a menudo lo muestran como un viajero con bastón y una cantimplora. También es el ángel patrono de varios aspectos de la naturaleza. En este rol, es responsable del amanecer, el conocimiento, la ciencia y los viajes. Rafael y Ramiel son los dos ángeles de la compasión. Rafael tiene un buen sentido del humor y trae risa y alegría a las reuniones de personas.

Aunque Rafael no es mencionado por nombre en el Nuevo Testamento, un concilio en el año 745 aprobó la práctica de acudir a él por ayuda. Rafael tenía su propia fiesta en octubre 24, pero cuando el calendario de la iglesia fue reformado en 1969, se cambió a septiembre 29. Esta era originalmente la fiesta de Miguel, y la de Gabriel era marzo 24. Actualmente, el 29 de septiembre es la fiesta de los arcángeles.

Bienes perdidos o robados

Rafael ha ayudado a mucha gente a recuperar objetos robados o perdidos. Una de mis estudiantes perdió su reloj, que tenía poco valor monetario pero representaba mucho para ella, pues su abuela se lo había dejado en su testamento. De inmediato Diane pensó que alguien lo había robado, pero eso parecía improbable. Buscó en su casa y oficina; se demoró en comprar otro reloj, pues desesperadamente quería encontrar el que apreciaba. Al final, decidió pedirle ayuda a Rafael; desarrolló un ritual poco antes de acostarse. Cuando despertó la mañana siguiente, recordó exactamente dónde estaba su reloj.

Semanas antes había ido a una piscina de su área. Antes de entrar, se quitó el reloj y lo metió en la guantera de su carro por seguridad. Se dirigió al garaje y lo encontró. "Rafael debe haber puesto ese pensamiento en mi mente", me dijo Diane. "No hay otra explicación para haberme despertado con esa idea por la mañana después de comunicarme con él".

Aprendizaje

Rafael tiene un interés particular en la ciencia, pero está dispuesto a ayudar a cualquiera que desee aprender. Él es el regidor planetario de Mercurio, el planeta asociado con el pensamiento y el aprendizaje. Puede ayudarnos a absorber el conocimiento que necesitamos, y también aliviar el estrés frecuentemente asociado con los exámenes. En este tipo de situación, Rafael nos ayuda a concentrar, recordar información con facilidad, y expresar nuestros pensamientos con claridad y precisión.

Malcolm es un viejo compañero de clase mío. Siempre le iba bien en el estudio, pero sufría de mucho estrés cuando llegaban los exámenes. Sus días en la universidad fueron muy difíciles, y recuerdo lo devastado que quedó cuando no aprobó un examen importante.

"Domino la materia más que nadie", me dijo. "Mi mente quedó en blanco durante el examen".

Malcolm resolvió hacer algo para solucionar su problema. Después de examinar diversas posibilidades, decidió pedirle ayuda a Rafael, y se comunicó con él varias veces. Estaba bastante escéptico respecto al proceso, pero no podía creer en lo fácil que respondió las preguntas en su siguiente examen.

"No tuve estrés en lo absoluto", me dijo. "De hecho, pensé que algo raro pasaba; me senté y respondí todas las preguntas. Estaba tan relajado, como si estuviera sentado en casa".

Integridad

Rafael puede ayudar a restaurar el equilibrio y la unidad en nuestra vida. Deberíamos pedirle ayuda cada vez que algo importante nos esté saliendo mal. Perder un empleo o sufrir la ruptura de una relación son buenos ejemplos. Si sus seres físico, mental, emocional y espiritual se sienten desconectados, pídale a Rafael que lo ayude a restaurar la unidad y el equilibrio. Al igual, si siente que ha perdido contacto con su lado espiritual, acuda a este arcángel.

Conocí a Donald cuando asistía a una de mis clases de desarrollo psíquico. Era evidente que llevaba una gran carga de tristeza, pero la dejaba a un lado durante las clases, y resultó ser un excelente estudiante. Poco a poco, a través de las semanas, me dijo cómo había sido víctima de una estafa, y por eso había perdido su fe en Dios y la humanidad. Todo esto ocurrió un año antes de que yo lo conociera, y había empleado ese tiempo para explorar diversas tradiciones religiosas en un intento por recuperar su fe. Desafortunadamente, esto lo había vuelto aun más cínico.

Por consiguiente, no se impresionó cuando le sugerí que contactara a Rafael y le pidiera que lo volviera íntegro de nuevo. En realidad, esto fue unas semanas antes de que él empezara a pensar seriamente en hacerlo. Un domingo en la mañana le pidió a Rafael que lo ayudara. Los resultados fueron asombrosos y claramente visibles para todos en la clase.

Donald aparentaba al menos diez años menos que sus cincuenta; su ligera encorvadura también había desaparecido. Parecía como si un peso hubiera sido quitado de sus hombros. Permaneció sonriente todo el tiempo que nos contó su experiencia, y cómo Rafael había removido la carga que estaba llevando.

"Estaba caminando por una calle principal hacia un parque", nos dijo. "Tuve la vaga idea de sentarme debajo de un árbol y pedirle ayuda a Rafael. Sin embargo, parecía que no podía esperar ese tiempo. Caminaba por la calle pensando en lo que le diría al arcángel, cuando de repente supe que él estaba conmigo. No había realizado ejercicios ni rituales. Todo lo que hice fue pensar en Rafael y llegó. En el momento que llegamos al parque, todos mis problemas parecían insignificantes". Él sonreía al recordar. "Ahora me siento mejor que cuando tenía veinte años. Fue una cura milagrosa. Me encontraba lleno de dolor, enojado con todos y todo, y de un momento a otro quedé tranquilo, libre y en paz. Siento como si mi vida apenas estuviera empezando".

Curación

Rafael está dispuesto a ayudar en todas las formas de curación, y puede ayudarnos a restaurar nuestro cuerpo, mente y alma. También sana a las personas que queremos. Las heridas del pasado son su especialidad. Si tiene algún tipo de dolor, pídale ayuda a Rafael. La asociación de este arcángel con el elemento aire también es útil en esto. La respiración es esencial para la vida, y Rafael está tan cerca de nosotros como nuestra siguiente aspiración. Permita que sus energías curativas entren en su cuerpo mientras respira. Si trabaja en el campo de la salud, puede acudir a Rafael para que lo ayude a restablecer la salud radiante de sus pacientes. Rafael también sana relaciones rotas.

Henrietta es una trabajadora social que pasa su vida ayudando a mujeres maltratadas y sus hijos frecuentemente perturbados. Cuando sucumbió a una misteriosa enfermedad que desafiaba el diagnóstico, los doctores la atribuyeron al estrés creado por su trabajo. Henrietta era apasionada por su labor, y creía que aunque en ocasiones tenía estrés, no era suficiente para enviarla a la cama días seguidos. Ella había leído varios libros sobre ángeles, y decidió pedirle a Rafael que la sanara.

"No sabía los procedimientos correctos", me dijo. "Así que todo lo que hice fue cerrar los ojos y pedirle a Rafael que viniera en mi ayuda. Podía haber usado mal las palabras, pero naturalmente Rafael oiría mi necesidad de ayuda. Le dije cuán importante era para mí el trabajo que hacía, y que no podía realizarlo enferma. Le pedí que me ayudara a sanar la gente con quien trabajo, y también que me curara. Luego me invadió una paz asombrosa, y supe que él estaba cuidándome, y que todo saldría bien. Después que él se marchó, dormí doce horas. Cuando desperté, estaba totalmente curada, y desde entonces no he tenido problemas de salud".

Curación emocional

Natasha tenía muchos problemas cuando la conocí. Su esposo había muerto recientemente, después de treinta años de matrimonio, y estaba separada de sus dos hijos adultos. Acudió a mí porque se sentía culpable de la alegría que sentía porque su matrimonio había terminado.

"No deseaba que Tom muriera, por supuesto", me dijo. "Pero él era un hombre severo; hacía sentir mal a todo el mundo, especialmente a mí. Durante años, casi nunca me atrevía a dar una opinión sobre algo, porque sabía que él no estaría de acuerdo con lo que yo dijera y aprovecharía la oportunidad para burlarse de mí. Me convertí en una persona sumisa que trataba de hacer su vida lo más armoniosa posible. Esto debe haber sido bueno para él, pero para mí fue un infierno. Sentía que no valía nada, y estos sentimientos aumentaban cada vez que me encontraba teniendo malos pensamientos respecto a él. Ahora está muerto, y no soy más feliz, porque me siento culpable por estar contenta".

Natasha estaba encorvada en la silla y apenas me miraba mientras me hablaba de su triste matrimonio. Su esposo había sido igual de severo con los hijos, quienes se marcharon de casa tan pronto como pudieron. No tenían respeto por su madre porque pensaban que ella los había defraudado por no defenderse y protegerlos a ellos.

"Por eso estoy sola ahora; tengo 52 años de edad, pero no siento que haya vivido. Me considero culpable y estoy llena de remordimientos. Tengo vergüenza por haberme dejado tratar de esa forma. ¿Cree que es demasiado tarde para empezar de nuevo?"

Por supuesto que no, nunca es tarde para comenzar de nuevo. Sugerí que le escribiera una carta a Rafael diciéndole todo lo que me había revelado, y pidiéndole que la liberara de todo el dolor y sufrimiento que tenía. Natasha encontró muy beneficioso poner por escrito sus pensamientos, y rápidamente estableció un vínculo cercano con Rafael. Tomó casi seis meses que se sintiera totalmente curada.

"En seguida empecé a sentirme mejor", me dijo. "Pero seguí descubriendo más obstáculos emocionales. Algunos de ellos estaban tan profundos, que ni siquiera sabía que los tenía. Rafael fue bueno y paciente, y me dijo que esto tomaría tiempo. Tenía razón, y me alegra de que no sucediera de inmediato, pues he disfrutado el proceso. He aprendido mucho sobre mí misma, y ahora estoy a punto de reiniciar mi vida".

Natasha consiguió un trabajo, recuperó el contacto con su hija, e incluso ha tenido unas citas.

"Por el momento no quiero casarme de nuevo", dijo. "¿Pero quién sabe? Si llega la persona indicada, y Rafael la aprueba, creo que lo haría".

Adicciones

En mi trabajo como hipnoterapeuta, veo muchas personas con problemas de adicción, tales como drogas, alcohol o juego. Generalmente, la hipnosis es todo lo que se requiere, pero de vez en cuando, necesitamos pedir la ayuda de Rafael.

Un buen ejemplo de esto es un hombre que acudió a mí porque tenía problemas con la bebida. Len decía que no era alcohólico, pero se tomaba dos botellas de vino tinto barato cada noche. Recientemente había empezado a beber más, y pensó que era tiempo de hacer algo al respecto. Tenía buenas razones para detener el problema, y consideré que unas sesiones de hipnosis lo curarían. Sin embargo, para mi sorpresa, no hicieron ninguna diferencia. Como esto es inusual, sabía que era un caso para Rafael.

No había mencionado los ángeles a Len antes, y no estaba seguro de cómo reaccionaría. Afortunadamente, él estaba dispuesto a hacer cualquier cosa, así que lo introduje a Rafael durante la sesión.

Cuando quedó hipnotizado, hice que Len visualizara su vida actualmente, y luego lo hice avanzar para que viera cómo sería su vida doce meses después si continuaba la forma de vida que tenía. Lo hice ver otros períodos en el futuro, y luego lo traje de regreso al presente.

Después le pedí que visualizara a Rafael en su mente. No di sugerencias en cuanto a cómo debía imaginarlo, porque es mejor dejar que las personas formen sus propias imágenes. Después supe que Len visualizó a Rafael como un hombre pequeño, delgado y fuerte de treinta años, con barba poblada. Usaba un chandal moderno y zapatos de lona, y lucía una salud radiante. Esto es totalmente distinto de la forma en que yo veo a Rafael, y muestra lo importante que es que la gente forme su propia imagen de él.

Una vez que Len visualizó claramente a Rafael, hice que imaginara su vida doce meses después si aceptaba la ayuda del arcángel. Luego avanzamos dos y cinco años, para que viera cómo sería su futuro.

Cuando Len salió de la hipnosis, estaba extático. Tenía una imagen clara de Rafael en su mente, y estaba encantado de averiguar lo amigable y accesible que era. Las diferencias en los dos posibles escenarios futuros, convencieron a Len de que acudiera a Rafael cada vez que sintiera la necesidad de ayuda para su problema.

Len no necesitó otra sesión. Durante los siguientes doce meses me llamó varias veces para decirme cómo iban las cosas. Con la ayuda de Rafael, había vencido su adicción al alcohol, y estaba disfrutando una vida sana y feliz. Su deseo de beber había desaparecido totalmente.

Conozco muchas personas, como Henrietta, Natasha y Len, que han sido ayudadas enormemente por Rafael. Este arcángel también está dispuesto a ayudarlo a usted. Todo lo que necesita es pedirlo. En el capítulo siguiente veremos algunos de los métodos que podemos usar para hacer contacto con Rafael.

CINCO FORMAS PARA CONTACTAR A RAFAEL

A L igual que los otros ángeles, Rafael es muy accesible, y estará encantado de comunicarse con nosotros y ayudarnos en la forma que él pueda. Si la necesidad es urgente, simplemente lo llamamos y de inmediato estará listo para ayudarnos. Generalmente, lo mejor es prepararse para el encuentro, y desarrollar un ritual, pues esto enfatiza lo especial y sagrado que es ese momento.

Es importante separar el encuentro de la vida cotidiana. Por ejemplo, no es buena idea llegar del trabajo a las carreras a casa e inmediatamente llamar a Rafael para una conversación. Es mejor llegar y primero relajarse un rato. Luego en la noche, podemos hacer ejercicio o meditar, y disfrutar un baño o ducha sin prisa, antes de llamar al arcángel. Disfrute un baño perfumado o de burbujas si lo desea. Todo esto libera el estrés acumulado durante el día, y significa que usted queda renovado y vigorizado. También le da tiempo para pensar en los diferentes asuntos que desea discutir con Rafael. Podría hacer algunas notas o escribirle una carta al arcángel.

Necesitará un lugar para sus conversaciones con Rafael. Puede tener un espacio sagrado, o tal vez un altar, en su casa. Estos lugares son ideales. Sin embargo, si no tiene un área designada, escoja un espacio o habitación para hacer los rituales. Si es posible, use el mismo sitio cada vez que haga contacto con el reino angélico. Asegúrese de que este espacio sea cálido, cómodo y acogedor.

Necesitará un altar para trabajar. Puede ser tan simple como una caja volteada o una mesa de baraja. Ubique el altar de tal forma que mire en la dirección de Rafael (Este) mientras trabaja con él. Puede poner lo que quiera en su altar. Podría tener objetos asociados con los cuatro elementos: una vela para el elemento fuego, sal para el elemento tierra, incienso para el elemento aire, y agua para el elemento agua. Si va a desarrollar un ritual de curación para alguien, ponga una fotografía de esa persona en el altar; también podría escribir el nombre de él o ella en una hoja de papel y colocarla en dicho lugar. Ponga cualquier otra cosa que sea espiritual o sagrada para usted.

Una amiga mía forma un círculo de cartas del tarot y realiza sus rituales dentro de él. A veces usa sólo unas cartas especialmente escogidas, mientras en otras ocasiones emplea toda la baraja. Otra amiga mía pone cristales en puntos estratégicos en su habitación. En el capítulo 8 veremos los cristales preferidos de Rafael. Sin embargo, puede usar cualquier cristal que le guste.

Puede crear un círculo de muchas formas. Algunos utilizan tiza para trazarlo, o lo hacen con cinta o una selección de varios objetos. A mí me gusta usar una alfombra circular. Muchas personas visualizan el círculo dentro del cual trabajan. Usted decide de qué forma crea el círculo. Notará que éste adquiere más poder y energía cada vez que lo use. La circunferencia del círculo refrena y contiene la energía mágica que acumula cada vez que desarrolla su ritual.

Puede encender velas. Use colores que le atraigan. Recuerde que Rafael responde bien al amarillo, dorado, violeta, rosado y verde. También podría utilizar una vela blanca que lo simbolice a usted o a alguien más involucrado en el ritual. Si lo desea, cubra el altar con una tela. El verde es un buen color para escoger, debido a que simboliza la curación y a Rafael. Sin embargo, puede usar cualquier color que le agrade. La parte más importante de la creación del espacio sagrado es que luzca atractivo para usted.

Muchas personas usan incienso y música en los rituales. Yo utilizo a veces incienso, pero encuentro que la música me distrae. De nuevo, esto es cuestión de preferencia personal. Si pone música, escójala bien y asegúrese de que sea apropiada para lo que está haciendo. No debe terminar tatareando la melodía mientras desarrolla el ritual. Muchos prefieren usar campanillas o tazones mientras realizan sus rituales. Usted debería utilizarlos si cree que harán la sesión más agradable.

Tal vez necesite una brújula para determinar las cuatro direcciones cardinales. Invocará a los cuatro arcángeles, y tiene que saber las direcciones correctas a las que debe mirar mientras hace esto. Un artista amigo mío ha hecho pinturas de Miguel, Gabriel, Rafael y Uriel, y las pone en las posiciones apropiadas antes de empezar a comunicarse con los ángeles. Piense también en lo que le gustaría usar. Tal vez prefiera desarrollar el ritual desnudo. Si lo hace vestido, escoja prendas flojas y cómodas. Una toga usada solamente para estas ocasiones ayuda a crear el ambiente adecuado. Sería ideal una de color verde o rosado intenso.

Inicio del ritual

Ahora está listo para empezar. Su espacio sagrado está preparado, y usted ha tomado un baño y pensado en su necesidad de contactar a Rafael. Si lo desea, puede dirigirse al centro de su espacio sagrado y comenzar inmediatamente. Yo prefiero realzar esa parte, pues una entrada apropiada da cierta solemnidad a la ocasión y muestra que es tomada seriamente.

Un método que encuentro útil para lograr el estado meditativo adecuado es decir una corta oración o invocación antes de entrar al círculo. Podría ser el padrenuestro, por ejemplo, pero también sirven unas palabras escritas por uno mismo. Encuentro particularmente apropiada la famosa oración de San Francisco:

Señor, hazme un instrumento de tu paz.
que donde haya odio, siembre amor;
donde haya daño, perdón;
donde haya duda, fe;
donde haya desesperación, esperanza;
donde haya oscuridad, luz;
y donde haya tristeza, alegría.

¡Oh Divino Maestro!, haz que no tenga que buscar
ser consolado para consolar;
ser comprendido para comprender;
ser amado para amar;
porque es dando que recibimos;
es perdonando que somos perdonados;
y es muriendo que nacemos a la luz eterna.
—San Francisco de Asís (1182–1226)

Lo que escoja para decir depende totalmente de usted. Después de aquietar la mente de esta forma, entre al círculo. Camine en el sentido de las manecillas del reloj alrededor del círculo tres veces antes de entrar. Esto define claramente el círculo mágico dentro del cual estará trabajando.

Cuando esté dentro del círculo, mire al altar, lo cual significa que mira hacia el Este. Ahora va a invocar los cuatro grandes arcángeles, cada uno responsable de una de las cuatro direcciones del universo. Rafael está en el Este y es el arcángel del aire; Miguel está en el Sur y es el arcángel del fuego; Gabriel está en el Oeste y es el arcángel del agua; y Uriel está en el Norte y es el arcángel de la tierra.

Extienda los brazos y diga:

"Rafael, gran guardián del Este, protégeme y guíame durante todo este ritual. En el pasado, frecuentemente he dado por sentado tu ayuda divina, pero quiero que sepas que estoy agradecido por todo lo que has hecho por mí".

Mantenga los brazos abiertos, y voltee hacia el Sur. Esta vez diríjase a Miguel:

"Miguel, gran guardián del Sur, protégeme y guíame durante todo este ritual. En el pasado, frecuentemente he dado por sentado tu ayuda divina, pero quiero que sepas que estoy agradecido contigo por darme valor, fuerza y capacidad para hablar la verdad".

Todavía con los brazos extendidos, voltee hacia el Oeste y hable con Gabriel:

"Gabriel, gran guardián del Oeste, protégeme y guíame durante todo este ritual. En el pasado, frecuentemente he dado por sentado tu ayuda divina, pero quiero que sepas que estoy agradecido contigo por toda tu dirección, inspiración y purificación".

Ahora voltee hacia el Norte y háblele a Uriel:

"Uriel, gran guardián del Norte, protégeme y guíame durante todo este ritual. En el pasado, muchas veces he dado por sentado tu ayuda divina, pero quiero que sepas que estoy agradecido contigo por darme tranquilidad, serenidad de espíritu, y la capacidad de dar y recibir".

Siéntese o arrodíllese en frente de su altar. Cierre los ojos y visualícese rodeado por el amor y la protección de los cuatro arcángeles. Tenga en cuenta que puede experimentar estos sentimientos de amor y seguridad cada vez que quiera.

Ahora es tiempo de tener una conversación con Rafael. Empiece manifestando su propósito. Algunas personas expresan esto de manera formal, pero si usted lo desea puede ser razonablemente informal, siempre que trate a Rafael y los otros arcángeles con el respeto que merecen.

Supongamos que va a pedirle a Rafael que ayude a Brenda, quien está a punto de ingresar al hospital para una operación. En este caso, podría formular su propósito de la siguiente manera: "arcángel Rafael, ángel de curación, acudo a ti para que brindes ayuda especial y sanación para mi amiga Brenda, quien mañana ingresa al hospital para una operación. Estoy preocupado por ella, y te pido que la ayudes de la forma que puedas. Gracias".

Después de decir esto, haga una pausa y espere una respuesta. Podría tener la sensación de que todo saldrá bien, o sentir que Rafael está con usted, rodeándolo de amor y energía curativa. Cualquiera que sea la respuesta que reciba, traerá paz y tranquilidad a su mente.

Una vez que llegue a esta etapa, siga la conversación con Rafael. Puede o no hablar en voz alta, y las respuestas aparecerán como pensamientos en su mente. Continúe la conversación el tiempo que quiera. Cuando termine, agradézcale a Rafael otra vez.

Párese, con los brazos abiertos, y agradezca de nuevo a todos los arcángeles, empezando con Uriel en el Norte, seguido por Gabriel, Miguel y Rafael. Apague las velas que haya usado, y salga del círculo.

Es posible que tenga éxito y logre una relación estrecha con Rafael la primera vez que desarrolle este ritual. Sin embargo, es más probable que logre resultados mixtos. Podría no estar seguro de haberse comunicado con Rafael, y tal vez no sintió la seguridad y el alivio de estar rodeado por los cuatro arcángeles. No se preocupe si este es el caso, pues la conexión será más fuerte cada vez que desarrolle este ritual. Después de todo, si ha llegado a esta etapa de la vida sin comunicarse con alguno de los arcángeles, una o dos semanas más no harán mucha diferencia.

Una de mis estudiantes hizo este ritual para transmitir curación a su abuela. Estaba molesta por su aparente falta de éxito.

"¿Cómo está su abuela?", pregunté.

"Está mucho mejor, gracias", respondió mi estudiante. Luego agregó, "no cree que realmente hablé con Rafael, ¿cierto?"

A veces los ángeles actúan de forma misteriosa, y la petición que le hizo a Rafael puede haber sido realizada, aunque ella no fuera consciente de haber hecho la conexión.

"Es como una oración, ¿cierto?, preguntó. "Cuando rezo, no espero oír o sentir algo, pero deseo tener un resultado exitoso".

Ella salió de la clase esa noche con la confianza renovada, y ahora se comunica con Rafael regularmente. Por consiguiente, no hay que desmotivarse si esto toma más tiempo que el que usted cree apropiado. Cada comunicación que haga con el reino angélico será oída, y a veces tendrá que recordar eso, especialmente cuando no reciba una respuesta inmediata. Debe ser paciente y confiar en que los ángeles están trabajando a su favor.

Este primer ejercicio es útil porque activa su círculo mágico y lo pone en contacto con los cuatro arcángeles. Esto puede ser sumamente beneficioso, pues a veces hará una petición a un arcángel, y luego encontrará que uno de los otros arcángeles se ofrece para ayudarlo a realizarla. Además, este ritual puede restaurar su alma y llenarlo de confianza ilimitada.

Después de todo, si tiene cuatro arcángeles trabajando con usted, podrá lograr cualquier cosa.

Respiración de colores

Habrá ocasiones en que estará demasiado ocupado para desarrollar el ritual del círculo mágico, o podría estar lejos de casa, incapaz de realizarlo en su espacio sagrado. El ritual puede ser hecho en cualquier parte, pero debo reconocer que prefiero desarrollarlo en el mismo lugar todas las veces.

La técnica de respiración de colores es un método útil que puede ser hecho en cualquier parte. Siéntese cómodamente y cierre los ojos. Visualícese rodeado por una hermosa luz blanca. Deje que esta luz gradualmente cambie a un dorado puro y perfecto. Cuando sienta esto claramente, tome una respiración profunda e inhale toda la energía dorada que pueda. Sostenga la respiración varios segundos y exhale lentamente. Tome otras dos respiraciones profundas de la energía dorada, y luego permita que el dorado se convierta gradualmente en el verde más hermoso que haya visto. Cuando este color esté claro en su mente, tome tres respiraciones profundas y reconfortantes de energía verde, sosteniendo cada una varios segundos antes de exhalar. Después de esto, deje que el verde cambie de nuevo a la luz blanca pura con que empezó.

Como ya sabe, el dorado y el verde son dos de los colores de Rafael. Ahora usted está lleno de la energía del arcángel. Disfrute la sensación de la energía dorada y verde dentro de cada célula de su cuerpo, y luego pídale a Rafael que se haga presente.

No debe preocuparse por si él vendrá o no. Desde luego responderá a su llamado, y usted sabrá esto por un cambio sutil en las energías que lo rodean. Tal vez sienta de repente que él está a su lado. Podría recibir pensamientos de él, o incluso oír una voz en su oído. Una vez que Rafael haya llegado, puede continuar pidiéndole lo que desee.

Ritual de dibujo

¿Alguna vez ha hecho dibujitos o garabatos mientras espera ser conectado con alguien por teléfono? Estos dibujos son creados mientras nuestra mente está enfocada en otra cosa. En una convención a la que fui hace muchos años, la persona que estaba sentada junto a mí llenó una página entera de su bloc con un hermoso dibujo muy detallado que no había creado conscientemente. Su mente subconsciente lo produjo mientras él escuchaba al orador. El dibujo era tan bello que le pregunté si podía llevármelo. Él me lo dio alegremente, y probablemente quedó extrañado de que le hiciera esa petición.

Crear estos dibujos es una forma de escritura automática. Esta es la escritura producida cuando ponemos un lapicero sobre una hoja de papel y luego lo ignoramos mientras vemos televisión o disfrutamos una conversación. Toma práctica aprender a hacer esto, pero vale la pena porque la escritura automática da acceso a la mente subconsciente.

Es improbable que usted produzca palabras con este ritual, pero sucede. Varios de mis estudiantes han generado una o dos líneas de texto para acompañar sus dibujos.

Empiece escribiendo sus razones para contactar a Rafael. Tal vez necesite curación para sí mismo o alguien más. Podría sentirse agotado emocionalmente, o bloqueado de algún modo. Encuentro útil poner por escrito mis sentimientos en forma de carta, porque a menudo aparecen muchos más detalles mientras la estoy haciendo.

Una vez que sepa exactamente lo que requiere en la sesión, siéntese tranquilamente con un bloc y un lapicero. Piense en su propósito al contactar a Rafael mientras hace los dibujos en el bloc. Probablemente descubrirá que parte del tiempo estará enfocado en su dibujo, mientras otros momentos pensará en su deseo, y también puede pensar en asuntos que no tienen relación alguna con su propósito. Esto está bien; no tiene que regañarse si de repente se encuentra pensando en algo totalmente distinto, tal como una tarea que necesita hacer en el trabajo mañana.

Siga con la creación de dibujos hasta que sienta que ha finalizado. Podría percibir a Rafael diciéndole que el contacto terminó, o simplemente sentir que es el momento de parar.

Cuando se detenga, levántese, estírese y muévase alrededor unos minutos. Por alguna razón, este ritual me hace dar sed, por eso suelo tomar un vaso de agua después de terminar la sesión. Deje que pasen varios minutos antes de examinar lo que produjo. Se sorprenderá de lo que ve. Podría descubrir una respuesta clara a su petición, o algunos dibujos que le indican cuál dirección seguir. También puede ver dibujos que parecen no tener relación con nada. Si este es el caso, no debería descartarlos en seguida. Rafael puede estar hablándole a través del dibujo; déjelo a un lado por veinticuatro horas y luego véalo de nuevo. Podría sorprenderse de encontrar que las cosas que apenas notó antes, parecen saltar de la página ante sus ojos.

Tenga en cuenta el simbolismo de sus dibujos.1 Los círculos, por ejemplo, simbolizan integridad y unidad. Si el dibujo incluye varios círculos bien definidos, es una señal de que necesita espacio y libertad para crecer y desarrollarse. Los cuadrados representan estabilidad y seguridad; si su dibujo los contiene, es una indicación de que está preparado para crear una base y edificar sobre ella. Los triángulos son interesantes, pues indican visiones y éxito final; muestran que debería seguir sus sueños. Probablemente su dibujo incluirá cruces. Sin embargo, éstas son interpretadas simbólicamente sólo cuando aparecen solas, y no como parte de un dibujo más grande. Las cruces significan relaciones, cooperación y vínculos con otras personas. Las estrellas de cinco puntas son una indicación de que está siendo protegido o cuidado. Aunque puede no ser consciente de ello, Rafael se está fijando en usted atentamente. Las espirales simbolizan creatividad, evolución y crecimiento; muestran que está dejando atrás viejas actitudes y creencias, y comenzando a avanzar por un nuevo camino.

Si quiere desarrollar alguna de las cualidades anteriores, empiece dibujando conscientemente el símbolo relacionado. Por ejemplo, si está buscando una pareja para vivir, debería comenzar su sesión haciendo conscientemente una cruz. No obstante, generalmente, no debe poner atención consciente a lo que está dibujando, pues no querrá que su mente pase por alto la valiosa información que Rafael puede poner en los dibujos.

Es bueno conservar los dibujos, porque son un registro de los contactos con Rafael. Féchelos y guárdelos en una carpeta. Estos dibujos son personales. Es probable que se sorprenda de lo que produce; por consiguiente, debe guardarlos para su beneficio, y no dejarlos por ahí tirados para que otras personas los vean.

Ritual con el viento

Rafael es asociado con el elemento aire. Por lo tanto, podemos hacer contacto con él cada vez que queramos usando una variedad de técnicas de respiración. Este método lo aprendí por casualidad. Siempre he disfrutado caminar, especialmente en el campo. Es un buen ejercicio que permite llenar mis pulmones con aire fresco mientras gozo del contacto con la naturaleza; me saca de la casa y me aleja del teléfono y otras distracciones. También es un buen tiempo para contactar los reinos angélicos.

Un día, fui a dar una larga caminata y terminé en la cima de un acantilado. Era un día lluvioso y con mucho viento, y las olas golpeaban la playa abajo. Abrí mis brazos totalmente y tome respiraciones profundas del fuerte viento, ignorando la lluvia que caía sobre mi cara. El viento y la lluvia me hicieron sentir regocijado. Se me ocurrió que como Rafael era asociado con el elemento aire, este podría ser un buen momento para comunicarme con él. No había nadie más a la vista, así que grité un mensaje a Rafael.

"Arcángel Rafael, regidor del aire, gracias por darme una pequeña muestra de tu poder. Quiero que sepas cuánto aprecio tu duro trabajo a mi favor. Gracias por la integridad y unidad que has traído a mi vida. Gracias por tus dones de creatividad, abundancia y curación. Gracias por todo el trabajo positivo que estás haciendo en todo el mundo".

Cuando terminé de gritar, sentí que Rafael estaba conmigo. No pude verlo ni oírlo, pero percibí su presencia. No recuerdo qué más grité al viento esa tarde, pero regresé a casa regocijado, emocionado, feliz y lleno de energía.

La primera vez que hice esto fue por casualidad, pero ahora busco lugares distantes con mucho viento donde pueda comunicarme con Rafael. El proceso no podría ser más simple. Encuentre un sitio ventoso apropiado donde no sea interrumpido, y grite su petición. Debo confesar que ahora evito el clima tempestuoso, pues hay que alejarse de cualquier posibilidad de peligro. El único requisito físico es una brisa de algún tipo para representar a Rafael. Si no encuentra un lugar donde pueda estar solo, párese en un sitio apropiado y mentalmente dígale a Rafael lo que quiere comunicarle. Esto también funcionará. Me he comunicado con el arcángel en la cima de una colina, rodeado de muchos turistas que se encontraban ahí para apreciar el entorno. Si alguno de ellos me hubiese determinado, habría imaginado que yo también estaba mirando el panorama.

Ritual de visualización

Si tiene buena imaginación, descubrirá que este es un método particularmente bueno para contactar a Rafael. Siéntese o acuéstese cómodamente, sin cruzar los brazos ni las piernas. Cierre los ojos y tome varias respiraciones lentas y profundas, mientras relaja conscientemente los músculos de su cuerpo.

Cuando se sienta totalmente relajado, visualícese en el escenario más hermoso que pueda imaginar. Podría escoger un lugar que haya visitado antes, o crear una imagen bella en su mente. No hay diferencia, siempre que se sienta completamente relajado.

Véase en este hermoso sitio, y luego imagine un círculo de luz blanca pura descendiendo del cielo, rodeándolo con su brillo protector. Siéntase seguro, en paz y muy feliz.

Ahora, visualice a Rafael viniendo a verlo. Imagínelo como quiera. Podría verlo como un hombre joven viril, vestido de amarillo o dorado, usando un tocado y cargando un caduceo. En la mitología, un caduceo es el bastón llevado por Mercurio como mensajero de los dioses. Rafael podría llevar un frasco medicinal en su mano libre. Puede verlo como un viajero con bastón y cantimplora, o como se le apareció a Tobías, con un pequeño estuche que contenía el "amuleto de pescado" contra los espíritus malignos (Tobías 6:6–7). Tal vez lo verá como un ángel poderoso, de al menos ocho pies de altura y con alas enormes. También podría visualizarlo con seis alas, repartidas en las sienes, hombros y tobillos. Quizás prefiera no imaginarlo como una persona, sino como una bola de luz amarilla o dorada.

Visualícese levantándose a saludarlo. Podrían estrecharse las manos, o tal vez él le dé un abrazo. Imagine que los dos dan una caminata juntos, hablando de todo lo que tiene en mente. Podrían sentarse para admirar una vista hermosa mientras continúan la conversación. Visualice a los dos despidiéndose. Ahora son buenos amigos, y la despedida es afectuosa. Imagínese en el bello escenario después de que

Rafael se haya marchado, y luego retorne lentamente a su mundo normal y cotidiano. Abra los ojos, estírese y piense en su visualización unos minutos antes de levantarse.

Cuando se levante, tendrá al menos una pregunta acerca de la experiencia. ¿Creó todo con su imaginación o fue una experiencia auténtica con Rafael? Podría ser difícil responder esto. Pregúntese a sí mismo si recibió respuestas útiles para sus preguntas. Si eso pasó, entonces la experiencia es válida, sin reparar en si fue o no un contacto auténtico.

Probablemente necesitará experimentar con este método varias veces. Esto es porque podría dudar de la autenticidad de la experiencia las primeras dos sesiones, pero estas inquietudes desaparecerán entre más frecuentemente la realice. Incluso si no hace un verdadero contacto la primera vez, ganará confianza cada vez que repita el ejercicio, y esta repetición estimulará más a Rafael para que se presente.

Naturalmente, una vez que sepa cómo ponerse en contacto con Rafael, también deberá saber cómo pedirle ayuda. Ese es el tema del capítulo siguiente.

Tres

CÓMO PEDIR AYUDA

RAFAEL siempre está dispuesto a ayudarnos en cualquier momento. Todo lo que debemos hacer es pedir ayuda. Sin embargo, es mucho mejor decirle al arcángel lo que necesitamos, en lugar de gritarle por ayuda. Rafael tiene que ver con la comunicación y entenderá todo lo que le digamos, incluso cuando se nos dificulte expresar los pensamientos y sentimientos con la claridad que deseamos.

A veces es difícil decir lo que en realidad pensamos, en especial cuando estamos involucrados emocionalmente en una situación difícil. Rafael comprenderá lo que tratamos de decir, y estará listo y dispuesto para darnos curación u otra ayuda que necesitemos.

Uno de mis amigos tuvo una difícil ruptura matrimonial. Claude no se había dado cuenta de que su esposa era infeliz en la relación, y quedó devastado cuando ella dijo que se marchaba. Durante varios meses lamentó su destino y culpó a todo el mundo, excepto a sí mismo, por sus problemas. Finalmente, cayó en cuenta de que él era al menos en parte culpable del fracaso de su matrimonio, y que seguir odiando a su ex esposa lo hería más que a ella. Decidió pedir curación a Rafael.

Claude empezó haciendo una lista de todas las cosas que deseaba que Rafael hiciera por él. Quería curación emocional para sí mismo, su ex mujer y sus tres hijos. Quería que Rafael lo ayudara a dejar atrás el pasado, de tal forma que se sintiera íntegro de nuevo. También buscó la ayuda del arcángel para recuperar el contacto con su lado espiritual. Finalmente, deseaba transmitir amor a su ex esposa y sus hijos, además de perdón por la forma en que se había comportado.

En este momento él se puso en contacto conmigo, pues creía que tal vez pedía demasiado.

"¿No debería pedir una cosa a la vez?", preguntó Claude. Expliqué que los arcángeles querían que él estuviera sano e íntegro, y harían todo lo posible para asegurar que eso ocurriera. Por consiguiente, mi amigo estaba haciendo lo correcto. Rafael quedaría encantado de hacer lo necesario para ayudarlo a llevar de nuevo su vida por el camino correcto.

No vi a Claude en casi tres semanas. Cuando lo hice, el cambio en él era increíble. La expresión de desánimo había desaparecido; estaba alegre y rió varias veces durante nuestra conversación. Había creado un ritual con los cuatro arcángeles, y pedido todas las cosas que previamente discutimos.

"Fue asombrosa la sensación de paz que me invadió cuando terminé el ritual", me dijo. "Sentí que me habían quitado todas mis preocupaciones, y supe que todo saldría bien. Y luego, de repente, una compuerta dentro de mí pareció romperse, y lloré por al menos cuarenta minutos. No había llorado desde que era niño, y me impactó cuando sucedió. Sin embargo, esto terminó tan repentinamente como empezó, y en seguida me sentí mejor. Al día siguiente, varias personas en el trabajo hicieron comentarios sobre lo bien que me veía".

Estaba encantado con el mejoramiento del estado mental de mi amigo, y le aseguré que Rafael estaría trabajando en todos sus problemas. En las semanas que siguieron, descubrió que podía recoger sus hijos para la visita del fin de semana sin tener una discusión con su ex esposa en el proceso. Gradualmente todo se hizo más fácil; se comunicó con Rafael con regularidad; la relación con su ex mujer y los hijos mejoró cada vez más, y con el tiempo descubrió que podía tener conversaciones agradables con ella sin desacuerdos ni disgustos.

Claude me mantuvo informado sobre lo que estaba sucediendo, pero aun así, quedé sorprendido de lo que ocurrió después. Le pidió a Rafael que lo ayudara a encontrar una nueva pareja; hizo una lista de todos los atributos que quería que tuviera esta persona, y la leyó a los cuatro arcángeles.

Tres días después, fue invitado a una fiesta y encontró a una mujer con quien había trabajado varios años antes. Se citaron para tomar café el día siguiente, y pronto hicieron pareja. Claude estaba asombrado de lo rápido que se desarrolló la relación.

"Un día le pedí ayuda a Rafael, y pocos días después desperté locamente enamorado de una hermosa mujer que tiene todas las cualidades que estaba buscando. Apenas puedo creer que sea posible".

Usualmente toma tiempo que los ángeles nos concedan lo que pedimos. Sin embargo, Claude había sido muy específico; sabía exactamente lo que quería y lo pidió. Está planeando casarse de nuevo, y está seguro de que esta vez funcionará.

"Aprendí tanto de mi anterior matrimonio", me dijo. "He madurado; no me veo como la persona que antes era. Tengo la mujer perfecta para que sea mi esposa, y con Rafael cuidándonos, creo que el futuro no podría ser mejor".

Ángela es una ex-maestra de escuela de 45 años. Actualmente está estudiando para ser naturópata, y le pidió ayuda a Rafael.

"Después de todo, es el médico divino", señaló ella. "Encuentro que con su ayuda, puedo aprender mucho más rápido y retener la información más fácilmente que antes. ¿Sabía que Rafael cuida los estudiantes además de los enfermos? También la creatividad", agregó antes que yo respondiera.

"¿Cómo le pidió que ayudara?", pregunté.

Ángela rió. "Me tomó un tiempo pedirle que me ayudara; fue sólo cuando los exámenes empezaron a tornarse muy difíciles que pensé en acudir a él. Sin embargo, fue fácil. Una noche hice una meditación, y luego le pedí que viniera a mí. Cuando llegó, le comenté mi problema y dije que necesitaba ayuda. Él estuvo de acuerdo, y comenzamos en seguida. Ahora, cada vez que estudio, Rafael está a mi lado. Le pregunto acerca de algo que no entiendo plenamente. Ha sido una gran ayuda para mí en el estudio, y ya aceptó ayudarme con los pacientes cuando ejerza la carrera".

Laurence es un estudiante de secundaria de 16 años que acudió a Rafael para que le ayudara a mejorar en el colegio.

"No podía concentrarme", me dijo. "Me sentaba en clase, el profesor hablaba, pero yo me encontraba a millas de distancia. Es un problema que siempre he tenido. La gente me llama soñador, porque incluso en medio de una conversación me pierdo en mi propio mundo. Mi hermana me introdujo a los ángeles, y dijo que le pidiera ayuda a Rafael. Creí que ella estaba loca, pero con el tiempo me llené de malas calificaciones, así que lo hice. Leí algunos de sus libros, y luego me dirigí a la playa y llamé a Rafael. No esperaba que sucediera algo, y quedé totalmente pasmado cuando llegó. Tuvimos una larga conversación, en nuestras mentes, no en voz alta, y dijo que me ayudaría. Estaba tan sorprendido por todo, que no lo comenté a nadie. Sin embargo, funcionó; pude concentrarme más en el colegio, y me fue mucho mejor que antes. Después de eso contacto a Rafael todo el tiempo, y mis estudios cada vez van mejor. Todavía no sé qué carrera seguir en la universidad, pero Rafael también me está ayudando con eso".

Estos ejemplos muestran que Rafael está dispuesto a ayudarnos cuando lo necesitemos. Todo lo que debemos hacer es contactarlo, explicar cuál es el problema lo más claramente posible, y qué ayuda deseamos, y luego dejarlo actuar. Frecuentemente Rafael hace preguntas que nos fuerzan a pensar profundamente y sugerir nuestras propias respuestas. A continuación veremos un ejemplo.

Kirsten quería ser artista. Sus padres trabajaban en el área de la publicidad como artistas independientes, y Kirsten deseaba seguir la misma profesión. Sin embargo, en el colegio universitario, se le ocurrió que aunque disfrutaba hacer obras de arte, no estaban dándole la satisfacción que creía que deberían darle. Le pidió ayuda a Rafael.

Durante varias semanas, Kirsten se comunicó con Rafael todos los días; le contaba todo lo que podía sobre su vida y el deseo de ser artista. Llenó su alcoba con muestras de su trabajo artístico para que el arcángel viera lo que ella estaba creando.

Rafael le preguntó por qué quería ser artista. Kirsten encontró difícil responder esto. Después de pensarlo varios minutos, dijo que tenía una aptitud natural para eso, y que sus padres estaban preparados para ayudarla a establecerse.

Rafael le preguntó si eso era suficiente. "¿Dónde está la pasión?", preguntó. Kirsten tuvo que aceptar que por esto le había pedido ayuda.

"Me gusta dibujar y pintar", le dijo. "Soy buena en esto, y a la gente le agrada lo que produzco. Pero no tengo ese algo especial adicional. Tienes razón, no hay pasión".

"¿Serías feliz pasando el resto de tu vida en la publicidad?"

Kirsten lo pensó por un momento, y luego negó con la cabeza. "No lo creo".

"¿Qué quieres hacer?", preguntó Rafael.

Kirsten reconoció que no tenía idea. En sus sesiones con el arcángel hablaron de diversas posibilidades. Un día, le dijo que le gustaría escribir historias cortas, e incluso había escrito e ilustrado un libro pequeño para el cumpleaños de su primo.

"Rafael sonrió", me dijo ella. "Y luego me invadió una extraña sensación de hormigueo. Supe que había encontrado lo que estaba destinada a hacer".

Actualmente, Kirsten va bien por el camino de realizar su sueño. Todavía trabaja en una agencia de publicidad dos días a la semana. El resto del tiempo escribe e ilustra libros para niños de grado medio. Sus libros cada vez tienen más éxito, y ella piensa renunciar pronto a su trabajo en publicidad. Ha encontrado su pasión, y atribuye esto a la ayuda de Rafael.

"Incluso después de escribir ese pequeño libro para mi primo, no me había dado cuenta de que esto es lo que quiero hacer en mi vida", me dijo. "Fue una gran sorpresa cuando Rafael me indicó la dirección correcta. Estaba bajo mis narices, pero no la había visto. Sin Rafael me estaría yendo bien, supongo, pero sólo sería un trabajo. Estoy tan agradecida, le doy las gracias todos los días".

Debido a que Rafael es tan accesible y está listo para ayudar, tal vez usted tienda a preguntarle por todo lo que ocurre en su vida. Esto no es buena idea, pues debería hacerse cargo de su propia existencia. Comuníquese con el arcángel regularmente, y pídale ayuda cuando sea necesario, pero no se vuelva codependiente. Su relación con Rafael crecerá cada vez que haga contacto. El siguiente capítulo le dirá cómo contactarlo todos los días.

Cuatro

CÓMO CONTACTAR A RAFAEL TODOS LOS DÍAS

LOS arcángeles viven muy ocupados, y pasan la mayor parte de su tiempo en actividades a gran escala que están más allá de nuestra comprensión. Por consiguiente, no es buena idea acudir a ellos por problemas insignificantes que podemos resolver nosotros mismos.

Rafael es la excepción a esta regla general. Debido a que es el arcángel de toda la humanidad, cuida muchas áreas que nos involucran a diario, tales como la curación emocional, abundancia, amor, aprendizaje, creatividad y viajes. Si alguien es grosero o cruel con nosotros, podemos necesitar curación emocional inmediata. Si tenemos dificultad para pagar las cuentas, desde luego que debemos llamarlo para pedir abundancia. Si buscamos una pareja o queremos estrechar el vínculo con la que ya tenemos, debemos acudir a Rafael por amor. Si tenemos un nuevo rol en el trabajo, podríamos pedirle que nos ayude a aprender las nuevas tareas. Si el viaje diario de la casa al trabajo es largo, el arcángel nos ayudará con el recorrido. En un determinado día, tal vez necesitaremos contactarlo para diferentes asuntos.

Por consiguiente, es útil tener un ritual corto que nos permita contactar a Rafael por uno o dos minutos cada vez que sea necesario. Hay muchas formas de hacer esto.

El método más fácil y directo es simplemente llamarlo, cerrando los ojos y diciendo, "Rafael, necesito tu ayuda ahora". Este método es muy efectivo, pero sólo debe ser usado en caso de una emergencia.

El método que considero más útil es usar o cargar un amuleto que se relacione con Rafael. Cada vez que necesito su ayuda o dirección, acaricio suavemente mi amuleto, pienso en el problema, y espero que la respuesta aparezca en mi mente. Los amuletos usualmente se utilizan para protección, y el amuleto de Rafael también nos protegerá de esta forma.

Podemos usar lo que queramos como amuleto. El único requisito es que debe estar asociado con Rafael de algún modo. Sería perfecto un objeto atractivo de color dorado, amarillo, azul, verde o rosado. Yo uso una pequeña venturina, que es un cristal verde. Regularmente se emplea en curación con cristales, y encuentro que cogerla es muy tranquilizante. Uno de mis estudiantes usa un libro en miniatura, pues le recuerda el papel de Rafael en el aprendizaje y la creatividad. Otro tiene una pluma pequeñita que le recuerda las alas y el interés por los viajes del arcángel. Muchas personas usan el cuarzo como amuleto para contactarlo. Éste da energía, libera el estrés, tranquiliza el alma, y también puede emplearse para entrar en contacto con el reino angélico. Es una buena elección para muchas personas, pero yo prefiero utilizar algo que se asocie con Rafael más específicamente.

Cada vez que se encuentre en una situación difícil, tome, acaricie y frote su amuleto y piense en el problema, mientras trata de aclarar el asunto en su mente. Por lo general, recibirá una respuesta de Rafael sin tener que llamarlo; esto se debe a que estará al tanto de la situación tan pronto como usted empiece a tocar el amuleto.

Sin embargo, hay ocasiones en que la necesidad es urgente, y se sentirá lo suficientemente desesperado para llamarlo. En este tipo de situación, debe acariciar el amuleto y decir, en silencio o en voz alta: "Rafael, por favor ayúdame; necesito tu ayuda". Él estará con usted de inmediato, listo para aconsejar, guiar y ayudar.

Debido a que Rafael está tan dispuesto a brindar ayuda, habrá una tendencia a llamarlo a todo momento. Usted debe resistirse a esto, pues no querrá volverse dependiente de él para ayuda y apoyo. Dejará de progresar en esta encarnación cuando no trate de resolver sus propios problemas. Rafael siempre está listo y dispuesto a ayudarlo, pero es bueno que haga todo lo que pueda por sí solo antes de pedir ayuda.

También puede usar el amuleto para agradecerle a Rafael todo lo que hace por usted. Acaricie el amuleto y envíele al arcángel una oración de gracias silenciosa. Usualmente recibirá una respuesta positiva de él cada vez que le agradezca de esta forma. Podría sentir su presencia, o tener una sensación de bienestar y seguridad. Incluso si esto no pasa, se sentirá bien por lo que ha hecho. A todo el mundo, incluso un arcángel, le gusta sentirse apreciado. Si lo desea, puede darle gracias a Rafael varias veces al día.

Otro método para contactar a Rafael todos los días utiliza su interés en curar la tierra. Cada vez que vea algo particularmente bello y llamativo en la naturaleza, puede agradecerle a Rafael por cuidar el planeta. Dígale que usted hará
su parte para crear un mundo mejor para los actuales habi-
tantes y las generaciones futuras.

Podría preferir hacer esto recogiendo parte de la basura
dejada por anteriores visitantes, o limpiando un área que ha
sido alborotada. Sentirá la presencia de Rafael alrededor de
usted mientras hace esto, y además se sentirá bien por realizar
algo positivo por el medio ambiente. Imagine lo diferente que
sería el mundo si todos recogiéramos algo tirado cada vez que
salimos. En cada ocasión que usted haga algo como eso, estará
ayudando a Rafael a curar el planeta. Cuando empiece a hacer
esto con amor y propósito, descubrirá que se comunica naturalmente con el arcángel, y se dará cuenta de que él está a su
lado todo el tiempo.

Meditación diaria con Rafael

Esta agradable meditación le permitirá fortalecer su relación
con Rafael diariamente. Puede hacer este ejercicio cuando
quiera y dondequiera que esté en el momento. Sin embargo,
tendrá mejores resultados si lo hace en el mismo lugar y aproximadamente a la misma hora cada día. Naturalmente, esto
no siempre es posible. Yo prefiero hacer esta meditación en
mi espacio sagrado, pero debido a que viajo regularmente, no
siempre puedo desarrollarla ahí. Cuando estoy lejos de casa,
usualmente realizo esta meditación en cama por la noche.

Acuéstese y póngase cómodo. Pase unos minutos relaján-
dose todo lo posible. Cuando se sienta totalmente relajado,
visualícese rodeado y protegido por una luz blanca pura. Imagínese como parte de esta luz, de tal forma que cada célula de
su cuerpo esté llena de su energía protectora y curativa. Sienta
que se convierte en uno con esta energía divina y hermosa,
perciba su interconexión con todas las cosas vivientes.

Una vez que alcance este estado, tendrá una sensación de
paz y tranquilidad en cada parte de su cuerpo. Silenciosamente pídale a Rafael que se una a usted, y luego repose en
calma, disfrutando la sensación de ser parte de la luz blanca.

Después de uno o dos minutos, verá a Rafael en su imaginación. Según mi experiencia, todos parecen verlo un poco
diferente. Él puede aparecer en togas y con grandes alas, o
como un viajero con un gran bastón. Tal vez usted vea sólo
su cara, o tenga la fuerte sensación de que él está presente,
sin ver nada en su mente.

Deje que la poderosa energía del arcángel vigorice y res-
taure su cuerpo y alma. Agradézcale todo lo que hace por
usted. Puede disfrutar una corta conversación. No obstante,
debido a que este ejercicio está destinado a ser una comunicación diaria con Rafael, no es un tiempo para pedirle
ayuda. Para eso debería usar uno de los otros rituales. Goce
este corto tiempo con el arcángel. Después de uno o dos
minutos, él se desvanecerá en la luz blanca y desaparecerá.

No abra los ojos de inmediato. Por unos momentos disfrute la tranquilidad, paz y relajación que brinda la luz blanca pura. Cuando se sienta listo para terminar, tome una respiración profunda, y dé un suspiro audible mientras exhala. Abra los ojos y continúe con su día.

Comunicarse con Rafael todos los días es una forma excelente de estrechar nuestro vínculo con él. En el capítulo siguiente veremos el asombroso poder del pentagrama, un regalo que Rafael dio al rey Salomón.

LOS SELLOS DE SALOMÓN

U NA de las historias más famosas sobre Rafael dice cómo Dios le pidió que llevara un anillo especial al rey Salomón para ayudarle a construir su templo. Este anillo estaba salpicado de poderosas piedras mágicas, y en el sello tenía inscrito un pentagrama que le dio a Salomón poder sobre los espíritus.

El pentagrama es una estrella de cinco puntas que se ha considerado como un símbolo de buena suerte y protección por al menos cinco mil años. Debido a que puede ser trazado en una sola línea continua, representa la interconexión de todas las cosas. A veces es llamado "el nudo interminable", porque puede atar simbólicamente energías fuera de nuestro control normal.

Los antiguos sumerios lo usaban como un símbolo para indicar los cuatro ángulos de la tierra y también el cielo; lo empleaban como un amuleto que protegía de las influencias malignas a quien lo portaba. En el simbolismo mágico las cinco puntas indican los cuatro elementos, más el espíritu, o lo divino.

No es sorprendente que, debido a su asociación con Rafael, el arcángel de la curación, el pentagrama se convirtiera en un símbolo de sanación, y hasta tiempos comparativamente recientes, los farmacéuticos lo usaban cuando daban publicidad a sus mercancías. La esposa del rey Enrique IV de Francia tenía un amuleto de pentagrama que usaba todo el tiempo. Ella creía que su excelente salud era una consecuencia directa de usarlo.[1]

Luciano, el escritor griego, escribió que Pitágoras y sus seguidores daban más importancia a la buena salud que a la alegría o el bienestar. Esto era porque lo último a menudo seguía cuando la persona gozaba de buena salud. Sin embargo, la alegría y el bienestar por sí solos no pueden crear buena salud. Los pitagóricos usaban el pentagrama como una insignia, y lo llamaban "salud".[2] Pitágoras exhortaba a sus seguidores a mantener un buen equilibrio entre el alma y el cuerpo, y ellos trataban de llevar una vida saludable y bien balanceada.

El pentagrama tuvo su origen en Babilonia y se esparció por todo el mundo antiguo. Un friso de una sinagoga excavada en Cafarnaúm, que data del siglo III de nuestra era, incluye pentagramas y hexagramas.[3] Graffitis de pentagramas y hexagramas que datan de alrededor del año 200 a. C., también han sido encontrados en una tumba en Marissa.[4]

El pentagrama fue usado en muchas monedas griegas que datan del siglo V a. C. hasta alrededor del año 300 de nuestra era. Debido a que es improbable que el pentagrama se haya usado en las monedas para propósitos decorativos, posiblemente estaba destinado a desviar el mal.

A lo largo de la historia, el pentagrama ha sido utilizado para rechazar espíritus malignos y promover la salud física y espiritual. En la Edad Media, los pentagramas eran pintados o grabados en paredes, puertas, camas y otros objetos domésticos para desviar la desgracia. Esto también empezó a aparecer en el simbolismo cristiano, como es mostrado por los pentagramas que se encuentran en las iglesias. De esta forma, simbolizaba las cinco heridas sagradas de Cristo.

Cornelio Agripa de Nettesheim (1486–1535) creía que el pentagrama demostraba la armonía que existe entre el microcosmo y el macrocosmo. En su *De Occulta Philosophia*, describió el pentagrama como una síntesis perfecta de la figura humana.[5] Cornelio Agripa también escribió que Antíoco recibió por revelación un símbolo que contenía un pentagrama dentro de cuatro círculos, que significaba salud.[6] Él lo usó como amuleto protector en su exitosa batalla contra los gálatas.

Debido a su estrecha relación con la salud, el Gouda Surgeon's Guild decidió en 1660, el año en que fue fundado, usar el pentagrama como su emblema. Su casa de ayuntamiento data de 1699, y ha sido preservada como parte del Catherina-Gasthuis Municipal Museum en Gouda, Países Bajos. Los que la visitan siempre se asombran de los pentagramas en evidencia. Todo, desde los cojines hasta las puertas de los armarios, contiene pentagramas.

Aunque no siempre se le reconoce el mérito por ello, gran parte de este interés en los pentagramas se debe a Rafael y el precioso anillo que entregó a Salomón. El pentagrama se esparció alrededor del mundo, y muestras de esto han sido encontradas en India, China, México y Perú.

El pentagrama es un símbolo de magia blanca, o buena, cuando es mostrado con una punta hacia arriba y dos hacia abajo. De esta forma, a veces es conocido como "pie del druida". Cuando dos puntas están hacia arriba y una hacia abajo, es un símbolo de magia negra o negativa. Así simboliza los cuernos del diablo, y a veces es llamado "pata de cabra".

El pentagrama deriva su nombre de la palabra griega penta, que significa "cinco". Los pitagóricos consideraban al cinco como un número importante. ¿Se ha preguntado por qué hacemos tintinear las copas antes de tomar vino? Los pitagóricos creían que los cinco sentidos debían ser usados para experimentar el placer total de algo. Podían oler, probar, sentir y tocar el vino, pero no lo oían hasta que empezaban a hacer tintinear las copas.

El cinco era importante porque era la suma de dos y tres, ambos números místicos. Diodoro Sículo (siglo I a. C.) lo consideraba importante porque era "la unión de los cuatro elementos con el éter".[7] Es el número central en un cuadrado mágico de tres por tres. David usó cinco piedras lisas para pelear contra Goliat. José dio a Benjamín cinco prendas de vestir. José también presentó sólo cinco de sus hermanos al Faraón. Hubo cinco vírgenes prudentes y cinco insensatas. Jesús alimentó la multitud con cinco panes y dos peces. También predijo su Pasión en cinco ocasiones, y recibió las cinco heridas de Cristo.

Los antiguos romanos prendían cinco velas de cera cuando se llevaba a cabo una boda. Oraciones especiales eran hechas para cinco deidades: Diana, Juno, Júpiter, Pitho y Venus. Los invitados también eran recibidos en grupos de cinco.

En magia, el pentagrama representa la fuerza vital universal que controla los elementos fuego, tierra, aire y agua. La punta más alta del pentagrama representa el espíritu, o la fuerza universal. La punta superior izquierda simboliza aire, y la superior derecha simboliza agua; la punta inferior izquierda representa tierra, y la inferior derecha representa fuego.

Hay varios rituales mágicos que usan el pentagrama. En realidad, podrían ser considerados las piedras angulares de la magia occidental y son los rituales más practicados.

Cómo proteger algo con el pentagrama

Este es un ritual sencillo que puede ser hecho en cualquier momento a fin de pedir la protección de Rafael para un objeto. Empiece extendiendo los dedos índice y medio de su mano dominante, mientras deja recogidos los otros tres. Probablemente ha creado esta forma para representar una pistola si en la infancia jugó a los vaqueros.

Haga un pentagrama en el aire sobre el objeto que desea proteger. Para este pentagrama en particular, empiece en la punta inferior derecha (fuego) y suba hasta la punta más alta (fuerza vital universal); baje hasta la punta inferior izquierda (tierra), luego suba hasta la punta superior derecha (agua), cruce hasta la punta superior izquierda (aire), y baje de nuevo al fuego.

Mientras hace esto, visualice que usted y el objeto son rodeados por una luz blanca pura. Podría imaginarse trazando el pentagrama con una magnífica luz púrpura que flota sobre el objeto que está siendo protegido.

Ahora el objeto está protegido. Si lo desea, puede poner un pentagrama protector sobre cualquier persona o cosa. Tal vez quiera proteger los miembros de la familia y amigos íntimos con esta técnica. Si no están presentes, haga el pentagrama sobre una fotografía de ellos. También puede escribir sus nombres en papeles y hacerles un pentagrama encima. Esto asegura que Rafael los cuidará dondequiera que estén.

Una conocida mía había perdido el contacto con su hija adolescente, y no tenía idea de dónde se encontraba. Todos los días hacía un pentagrama sobre una fotografía de la joven, y desarrollaba un ritual corto de esto a la misma hora. Al final del ritual siempre agradecía a Rafael por ayudarla en su tiempo difícil. Cuando finalmente la hija regresó a casa, le dijo a su madre que se sintió protegida todo el tiempo, y había pensado en ella todos los días en el momento exacto que el ritual era realizado.

Desviar la negatividad con el pentagrama

También puede usar el pentagrama para eliminar cualquier estrés o negatividad en su vida. Para este ritual necesita cinco velas de color azul oscuro.

Empiece creando un círculo de protección para usted mismo, que debe tener un diámetro entre seis y ocho pies. Ponga las cinco velas dentro de este círculo, en cada punta de un pentagrama imaginario. Enciéndalas y siéntese en el centro de su círculo mágico.

Visualícese rodeado por una luz blanca protectora. Imagine las velas uniéndose para crear un gran pentagrama. Cuando tenga una clara sensación de esto en su mente, concéntrese en lo que está causando negatividad en su vida. Véalo, siéntalo y experiméntelo reviviéndolo mentalmente. Dígase a sí mismo que ya no necesita esto en su vida; está reteniéndolo, agotando su energía, e impidiendo que haga todas las cosas que desea realizar. Es probable que se ponga molesto o sentimental mientras revive estas experiencias. Eso está bien, porque cuando lo haya hecho, podrá llamar a Rafael para desterrar las energías negativas.

Yo prefiero pedir la ayuda del arcángel en voz alta, pero usted puede hacerlo silenciosamente. Podría decir algo como esto: "poderoso Rafael, necesito curación debido a la negatividad que me rodea; por favor ven en mi ayuda y elimina las fuerzas malignas que están afectándome". Continúe diciéndole exactamente lo que ha ocurrido, y por qué le gustaría remover la negatividad. Una vez que haga esto, siéntese tranquilo uno o dos minutos. Podría o no recibir una respuesta directa de Rafael; tal vez él le envíe un mensaje a su mente diciéndole que todo estará bien. Ya sea que reciba o no una respuesta, agradézcale sinceramente su ayuda.

Finalmente, apague las velas, empezando con la del lado superior derecho (agua) y continuando en el sentido de las manecillas del reloj. La siguiente vela que se apaga simboliza fuego, seguida por tierra, aire y la fuerza vital universal.

Siéntese otra vez en el centro de su círculo protector y deje que las energías curativas restauren su cuerpo, mente y alma. Cuando se sienta listo, levántese y continúe con su día.

Generalmente, tendrá que desarrollar este ritual sólo una vez. Sin embargo, si el problema es particularmente difícil, tal vez deba repetirlo varias veces.

Rituales con pentagrama de invocación y destierro

Los dos rituales con pentagrama más importantes son los de invocación y destierro. La orden hermética del Golden Dawn sugería que los miembros hicieran el ritual de invocación en la mañana y el de destierro en la noche. De los dos, este último es el más importante, pues destierra la energía espiritual indeseada. Por consiguiente, suele ser desarrollado al comienzo y al final de una ceremonia mágica. Una vez que el ritual de destierro ha sido hecho, puede desarrollarse el de invocación para atraer y concentrar energía espiritual. Ambos rituales son realizados para propósitos de protección. También remueven la negatividad y purifican el lugar donde son desarrollados.

Hay varias versiones de estos rituales que pueden ser usadas. Todas se remontan a los rituales originales de la orden hermética del Golden Dawn, que floreció a finales del siglo XIX. La versión explicada aquí es más sencilla que la original, y es fácil de practicar.

Uno de los aspectos más importantes de un ritual es la visualización. Entre más visualicemos, más poderoso será el efecto del ritual. En este ritual, deberá visualizar los cuatro arcángeles en su imaginación, como se mencionó en capítulos anteriores. Algunas personas los ven con claridad en la mente; otras no "ven" nada, pero sienten su presencia. Todos somos diferentes, y la forma en que visualice los arcángeles, y los otros aspectos del ritual, será correcta para usted. Un beneficio secundario es que notará que su poder de visualización aumenta cada vez que desarrolle el ritual.

Cruz de luz cabalística

Comience el ritual preparando su espacio sagrado y visualizando un círculo de entre seis y ocho pies de diámetro. Párese dentro de este círculo, e imagine que está lleno de energía protectora y curativa.

Mire hacia el Este y visualice una fuente de energía divina justo encima de usted. Estire lo más que pueda su mano derecha y baje esta luz hasta su frente y a través del cuerpo hasta los pies. Haga esto pasando el dedo índice desde la frente, por el cuerpo hasta la ingle, y termine señalando el suelo entre los pies. Diga en voz alta: "porque tuyo es el reino".

Suba la energía divina hasta el hombro derecho, y mientras lo toca diga: "el poder". Pase su mano a través del pecho hasta tocar el hombro izquierdo mientras dice: "y la gloria".

Ponga las dos manos sobre el corazón y diga: "por siempre jamás. Amén". Esto se conoce como la cruz de luz cabalística (figura 1).

Ritual de destierro

El ritual de destierro es hecho al comienzo de cualquier ceremonia mágica para desterrar energías dañinas o negativas. Hay cuatro tipos principales de pentagramas de destierro, uno para cada elemento. El más básico, que puede ser usado para protección en cualquier momento, está relacionado con el elemento tierra.

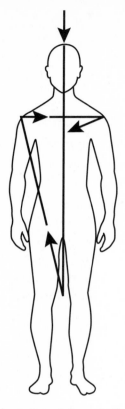

Figura 1. Cruz de luz cabalística.

Para hacerlo, párese mirando hacia el Este. Estire su mano dominante, con el dedo índice y medio extendido, e indique un punto en frente de su pierna izquierda. Ahora va a hacer un pentagrama en el aire, comenzando desde esta posición. Si el pentagrama fuera una persona, empezaría en la pierna izquierda, subiría hasta la cabeza, bajaría a la pierna derecha, luego avanzaría hasta el hombro izquierdo, el hombro

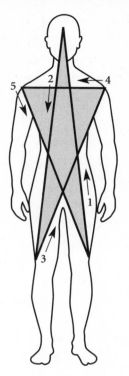

Figura 2. Pentagrama de destierro.

derecho, y regresaría a la pierna izquierda (figura 2). Haga el pentagrama lo más grande que pueda; mientras lo hace, pídale protección a Rafael. Voltee hacia el Sur y forme el pentagrama de nuevo, esta vez pidiéndole protección a Miguel. Luego diríjase al Oeste y pídale protección a Gabriel mientras hace otra vez el pentagrama. Repita esto con Uriel en el Norte, y finalmente voltee nuevamente al Este. El ritual de destierro ha terminado y puede continuar su trabajo dentro del círculo de protección.

Esta es la forma más sencilla de realizar el ritual de destierro. Algunas personas prefieren crear un pentagrama específico para cada elemento, en lugar del mismo cada vez, o sea lo que acabamos de hacer. He descrito esta versión después del ritual de invocación. Experimente ambos métodos y vea cuál le gusta.

Ritual de invocación

Todavía mirando hacia el Este, estire su mano dominante, con los dedos índice y medio extendidos, para indicar un punto ligeramente encima de su cabeza. Haga un pentagrama en el aire, tan grande como pueda, comenzando en la punta superior izquierda y avanzando hasta la punta superior derecha. Si el pentagrama fuera una persona, empezaría en el brazo izquierdo, luego avanzaría hasta el brazo derecho, y después pasaría a la pierna izquierda, la cabeza, la pierna derecha y de nuevo al brazo izquierdo (figura 3). Tal vez notó que iniciamos este pentagrama en la posición del elemento aire. Esto es deliberado, pues la dirección Este se asocia con el aire. Visualice el pentagrama como un anillo de fuego continuo. Señale el centro y diga: "hago este círculo en el Este, en nombre del bendito arcángel Rafael". Visualice a Rafael frente a usted, alto, poderoso y con alas enormes. Tradicionalmente él es mostrado usando togas amarillas que simbolizan el elemento aire. Imagínelo con la mayor claridad posible.

Con su brazo aún extendido, voltee hacia el Sur y forme otro pentagrama, esta vez comenzando desde la posición del fuego (pierna derecha). Iniciando desde la pierna derecha, avance hacia la cabeza, pierna izquierda, brazo derecho, brazo

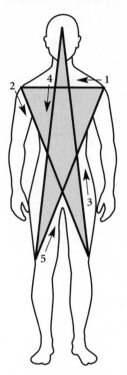

Figura 3. Pentagrama de invocación.

izquierdo, y de regreso a la pierna derecha. Señale el centro y diga: "hago este círculo en el Sur, en nombre del bendito arcángel Miguel". Ahora visualice a este arcángel frente a usted. Usualmente Miguel utiliza togas rojas que simbolizan al elemento fuego; es tan grande que las puntas de sus alas tocan las de Rafael.

Voltee hacia el Oeste y haga otro pentagrama, comenzando desde la posición del agua (brazo derecho). Desde el brazo derecho, avance hasta la pierna izquierda, cabeza, pie derecho, brazo izquierdo, y de regreso al brazo derecho. Mientras señala el centro, diga: "hago este círculo en el Oeste, en nombre del bendito arcángel Gabriel". Visualice este arcángel en su mente, y observe que las puntas de sus alas tocan las de Miguel; normalmente usa togas azules, simbolizando al elemento agua.

Diríjase al Norte y haga el último pentagrama, comenzando desde la posición del elemento tierra (pierna izquierda). Desde la pierna izquierda, avance hasta el brazo derecho, brazo izquierdo, pierna derecha, cabeza, y de regreso a la pierna izquierda. Señale el centro de este pentagrama y diga: "hago este círculo en el Norte, en nombre del bendito arcángel Uriel". Visualice a este arcángel con la mayor claridad posible. Uriel normalmente usa togas de color café o verde, simbolizando al elemento tierra. Observe que es tan grande como los otros arcángeles, y que las puntas de sus alas tocan las de Rafael y Gabriel. Los cuatro arcángeles brindan una sólida barrera de protección alrededor de usted.

Con el brazo aún levantado, voltee de nuevo al Este. Visualícese rodeado por un círculo de fuego. Extienda los brazos completamente, y diga: "frente a mí, Rafael; detrás de mí, Gabriel; a mi derecha, Miguel; a mi izquierda, Uriel; encima de mí, el gran Padre; debajo de mí, la gran Madre; dentro de mí, la esencia divina".

Ahora su espacio de trabajo está protegido y listo para que empiece su comunicación con Rafael. Los cuatro arcángeles están a su lado, y puede hablar con cualquiera volteando hacia él. Debe decidir de antemano qué asuntos va a discutir y con cuáles arcángeles necesita hablar.

Cuando termine esto, debe agradecer a los arcángeles por todo lo que hacen a su favor. Luego, puede finalizar la invocación realizando el ritual de destierro.

Conclusión del ritual de destierro

Empiece con la cruz cabalística, en la misma forma que inició la invocación. Luego, mire a Rafael en el Este y haga un pentagrama grande. Ahora es creado de forma distinta. La última vez empezamos en el brazo derecho y bajamos al pie izquierdo; esta vez iniciamos en el brazo derecho, pero luego avanzamos al brazo izquierdo, pie derecho, cabeza, pierna izquierda, y de regreso al punto de partida. Cuando haya hecho esto, diga: "gracias, bendito arcángel Rafael; ahora destierro este círculo en el Este".

Voltee hacia el Sur y forme otro pentagrama. Esta vez empiece en la pierna derecha y avance hacia la cabeza, pierna izquierda, brazo derecho, brazo izquierdo, y de regreso a la pierna derecha. Diga: "gracias, bendito arcángel Miguel; ahora destierro este círculo en el Sur".

Diríjase al Oeste y haga otro pentagrama, comenzando en el brazo derecho y avanzando hacia el brazo izquierdo, pierna derecha, cabeza, pierna izquierda, y de regreso al punto de partida. Diga: "gracias, bendito arcángel Gabriel; ahora destierro este círculo en el Oeste".

Mire hacia el Norte y haga el último pentagrama, iniciando en la pierna izquierda, y avanzando hacia la cabeza, pierna derecha, brazo izquierdo, brazo derecho, y de regreso a la pierna izquierda. Diga: "gracias, bendito arcángel Uriel; ahora destierro este círculo en el Norte".

Ahora el círculo es removido. Con los brazos extendidos, haga un círculo completo en sentido contrario al de las manecillas del reloj, y salga de él.

La estrella de David

Hay otro poderoso símbolo estrechamente relacionado con el pentagrama. Se trata de la estrella de David, una estrella de seis puntas, creada por dos triángulos equiláteros traslapados (figura 4). Hay muchas conjeturas respecto al diseño en el anillo que Rafael dio al rey Salomón. Algunos creen que tenía un hexagrama, mientras otros insisten en que era un pentagrama. En realidad, tanto el pentagrama como el hexagrama han sido llamados sello de Salomón en diferentes tiempos.

La estrella de David es considerada un símbolo de fe en el judaísmo, y es el emblema nacional de Israel. No es sorprendente que también aparezca en la bandera israelí. Antes del siglo XIV, el pueblo judío usaba el menorah, un candelero de siete brazos, como su símbolo. Sin embargo, en 1354, el rey Carlos IV les permitió a los judíos de Praga tener su propia bandera. La gente escogió la estrella de seis puntas, y desde entonces ha sido el símbolo del judaísmo.[8] El triángulo que apunta hacia arriba simboliza energía masculina, mientras el que apunta hacia abajo simboliza energía femenina. En el hinduismo, la estrella de David representa la unión de yoni y

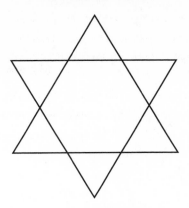

Figura 4. La estrella de David.

linga, y es asociada con el matrimonio sagrado de Shiva y
Shakti. Sepulcros paleolíticos y neolíticos de miles de años de
antigüedad muestran que la letra V siempre ha sido un símbolo de la Diosa madre.[9] La V, naturalmente, crea dos lados
del triángulo femenino.

La estrella de David es considerada un amuleto poderoso
que protege del mal de ojo a quien lo porta. En la Edad Media,
era usada como protección contra el fuego, armas peligrosas y
potenciales enemigos. Debido a que también puede ser rela-
cionada con los siete planetas conocidos de los antiguos, se
consideraba que atraía la buena suerte y la prosperidad en
todas las áreas de la vida. Seis planetas (la Luna, Mercurio,
Venus, Marte, Júpiter y Saturno) eran asignados a las puntas
de la estrella, y el Sol era puesto en el centro. Otro aspecto
positivo de la estrella de David es que sus seis puntas representaban las cuatro direcciones cardinales, además del cielo y el
infierno. En otras palabras, contenía el cosmos entero. Por esta

razón, también es un poderoso talismán que da a su dueño entendimiento, conocimiento, paz interior y confianza. La estrella de David puede además ser empleada para invocar ángeles.

En alquimia, representa la unión de todos los opuestos, y es la "piedra filosofal" de transformación espiritual.[10] Adquirió este significado porque los cuatro elementos pueden ser asociados con ella. El elemento fuego es representado como un triángulo apuntando hacia arriba. El triángulo del elemento aire también apunta hacia arriba, y tiene una línea a través de él para diferenciarlo del fuego. El elemento agua es representado por un triángulo apuntando hacia abajo, al igual que la tierra, que, como el aire, aparece con una línea. El hecho de que los cuatro elementos sean sintetizados en este símbolo, es una razón por la que se cree que la estrella de David brinda protección divina a quien la use. Otra posible razón es que cada punta representa uno de los días de la creación.

La estrella de David simboliza las energías masculina y femenina dadoras de vida en el universo. Como tal, es un símbolo de integridad y unidad, áreas de la vida en las que Rafael tiene mucho que ver.

Ritual de atracción angélica

Los alquimistas y magos usaban la estrella de David de diversas formas para atraer el reino angélico. Esta simple rutina brinda protección y a la vez sirve como una interesante forma de comunicarse con Rafael.

Empiece creando la estrella de David en el piso de la habitación que está usando. Puede hacer esto con hilo o lana, si lo desea. Usualmente pongo objetos pequeños, casi siempre cristales, en cada punta para representar la estrella de David. (Veremos los cristales en el capítulo 8). Cada lado de los dos triángulos que forman la estrella debe tener una longitud de siete a ocho pies.

Párese en el centro de la estrella. Con los ojos abiertos, visualice toda el área rodeada por una luz protectora clara y pura. Tome tres respiraciones profundas. Comenzando en una de las puntas del símbolo, gire en el sentido de las manecillas del reloj, mirando cada una de las puntas. Repita esto, pero ahora imagine la luz clara girando con usted, creando un círculo de energía que da vueltas alrededor de la estrella de David, formando un vórtice energético. Siga girando, si lo desea, para asegurar que la visualización sea lo más intensa posible. Sin embargo, tenga cuidado de no marearse, pues esto pondría fin al ritual.

En esta etapa, puede permanecer parado, o tal vez prefiera sentarse o acostarse. Cierre los ojos y piense en la luz giratoria que lo rodea y protege. Imagine esto lo más claramente posible, y luego piense en sus razones para ponerse en contacto con Rafael. Tal vez necesite pedirle que se haga presente, pero también es probable que gradualmente sienta su presencia. Hable lo que quiera con Rafael. Cuando termine, agradézcale por venir en su ayuda y por la protección que le brinda constantemente. Enfóquese de nuevo en la luz giratoria, y en su imaginación, mérmele velocidad y finalmente deténgala.

Abra los ojos. Levántese otra vez, si no está de pie, y gire en el sentido contrario al de las manecillas del reloj, mirando cada punta mientras lo hace. Agradezca a Rafael y las fuerzas divinas por su protección, y luego salga de la estrella de David. El ritual ha terminado y usted puede continuar con su vida cotidiana inmediatamente, si lo desea. Yo prefiero pasar unos minutos pensando en el ritual, y a veces pongo por escrito las percepciones o ideas que se presentaron en el desarrollo del mismo.

En ciertos aspectos, este procedimiento es similar al ritual con siete cristales que presenté en *Escriba su Propia Magia*.[11] Este es un ritual oriental que trae buena suerte a quien lo realice. Seis cristales pequeños son puestos para crear una estrella de David, y un cristal más grande es ubicado en el centro. Cada lado de los triángulos que forman la estrella es idealmente de siete u ocho pies de longitud. La persona escribe lo que desea en el respaldo de una fotografía que la muestra sonriente y feliz. Ésta es colocada en el centro con el cristal grande, y el vórtice energético creado por la estrella de David envía la petición al cielo.

Ritual de integridad

Este ritual es similar al anterior, pero es realizado para lograr integridad y unidad. Forme una estrella de David y párese dentro de ella. Desarrolle la primera rutina hasta que esté totalmente rodeado por el círculo giratorio de energía.

Permanezca parado. Llame a Rafael, y cuando él llegue dígale que desea purificación y está haciendo el ritual para recuperar la integridad. Pídale que lo proteja y ayude mientras desarrolla el ritual. Espere la aprobación del arcángel antes de continuar.

Mire hacia el Este y abra los brazos completamente. Diga en voz alta: "acudo a todas las fuerzas del Este para que traigan de nuevo unidad e integridad a mi vida; gracias por su ayuda".

Voltee hacia el Sur, y pida a las fuerzas de esta dirección que lo ayuden. Repita esto con el Oeste y Norte. Finalmente, mire hacia arriba y extienda los brazos lo más que pueda. Diga en voz alta: "pido a las fuerzas divinas del universo que traigan de nuevo unidad e integridad a mi vida; gracias por su ayuda".

Diríjase al Este otra vez, y agradezca a Rafael por traerle el poder curativo de Dios. Visualice la luz giratoria transformándose gradualmente en un verde curativo y tranquilizante. Sienta esta energía curativa penetrando en cada célula de su cuerpo.

Cuando se sienta listo, termine el ritual haciendo un círculo completo en sentido contrario al de las manecillas del reloj, mientras agradece a las fuerzas divinas por su protección. Salga de la estrella de David, y pase unos minutos pensando en lo que sucedió, antes de continuar con su día.

Repita este ritual las veces que quiera, hasta que restablezca plenamente su integridad y unidad.

Una de mis estudiantes desarrolló este ritual dos o tres veces a la semana durante tres meses antes de sentirse completamente íntegra de nuevo. Vanessa había tenido una relación de doce años. Quedó devastada cuando terminó, aunque era consciente que no conducía a ninguna parte.

"Sentí miedo de llevar la vida sola", me dijo. "Julián y yo siempre habíamos sido pareja, y todos nuestros amigos eran parejas. De repente, quedé sola otra vez, y no podía enfrentar tal situación".

Afortunadamente, Rafael estaba dispuesto a ayudarla, y ahora Vanessa es totalmente independiente y lleva una vida plena.

"Me gustaría que llegara el hombre indicado", dijo ella. "Pero no tengo prisa; estoy haciendo muy bien las cosas sola". También pensaba que si volvía a encontrarse en la misma situación, acudiría a Rafael más temprano y confiaría plenamente en él. "Creo que por eso me tomó tanto tiempo dejar atrás el pasado y comenzar de nuevo", dijo. "Estaba haciendo el ritual regularmente, pero parte de mí no quería que funcionara, porque todavía moraba en el pasado. Cuando decidí que era tiempo de seguir adelante, el ritual funcionó casi de inmediato".

Estos rituales con pentagrama y hexagrama son muy poderosos, y lo serán aun más a medida que los practique. También adicionan energía a su espacio sagrado. Asegúrese de reservar suficiente tiempo para los rituales. Debido a que me gusta pensar en mis rituales una vez que los termino, trato de desarrollarlos cuando no tengo exigencias inmediatas de mi tiempo después.

Daremos un paso más en nuestro trabajo con Rafael cuando veamos la curación en el siguiente capítulo.

Seis

CURACIÓN CON RAFAEL

ALGUNAS cosas nunca cambian. Hace más de dos mil años, Platón escribió que no debería hacerse ningún intento por sanar el cuerpo hasta que el alma no haya sido curada. Él escribió esto porque estaba preocupado por las enseñanzas de Hipócrates, quien decía que hay una causa natural, y un remedio natural, para toda enfermedad. El enfoque de Hipócrates trataba los síntomas, en lugar de la causa subyacente, y desafortunadamente, esto es lo que usualmente sucede hoy día. Platón creía que los curadores deberían usar el concepto holístico de tratar el cuerpo, la mente y el alma. Afortunadamente, nuestra mente produce a todo momento energías de autocuración, pero muchas veces es necesario acudir al reino angélico.

Rafael, como el arcángel de la curación, quiere que gocemos de buena salud mental, emocional, espiritual y física. Él y el resto del reino angélico nos animarán a que hagamos lo necesario cuando necesitemos curación.

Un amigo mío sufría de una úlcera estomacal crónica. Iba a ver el médico de la familia, pero poco antes de la cita, la canceló y visitó a un doctor que no había visto nunca. No pudo decirme por qué hizo esto; simplemente consideró que su médico corriente no "parecía apropiado" para este problema en particular, pero el otro doctor sí. Nadie se lo había recomendado, pero resultó ser un experto en el problema que tenía mi amigo, y por lo tanto fue resuelto. Creo que un ángel influenció silenciosamente a mi amigo y lo animó a ir donde un doctor especialista en su trastorno particular.

Otro caso tuvo que ver con una de mis estudiantes que sufría de dolor en la espalda inferior. Una mañana, ella prendió el televisor y vio el comercial de un producto que se relacionaba con su problema. Lo compró y descubrió que le ayudaba enormemente. Aunque esta mujer nunca prendía el televisor en las mañanas, de algún modo decidió hacerlo este día en particular, y fue justo a tiempo para ver un comercial que se relacionaba específicamente con ella y sus necesidades.

Experiencias de este tipo, que todos tenemos, podrían estar asociadas con la intervención angélica, aunque no seamos conscientes de ello.

Muchas enfermedades tienen una causa emocional. Se ha sugerido que muchos trastornos del corazón son causados por la incapacidad de la persona para expresar sus emociones. Esta represión de energía natural termina afectando al órgano mismo. Problemas de este tipo pueden ser resueltos pidiéndole a Rafael que nos ayude a entender las razones subyacentes de la enfermedad. Una vez que la causa original es conocida, podemos dar pasos para solucionar la dificultad.

Hace muchos años, una cliente mía me dijo que había descubierto por qué se enfermaba constantemente con problemas menores.

"Todo es causado por el estrés", dijo. "Y me enfermo porque esto me fuerza a dejar de trabajar. Mientras me encuentro acostada en la cama, tengo tiempo para reflexionar en lo que estoy haciendo conmigo misma. Creo que los ángeles me forzaron a descansar para que pudiera comprender esto".

No es sorprendente que una vez que ella se dio cuenta de lo que pasaba, su salud mejoró dramáticamente. Empezó a practicar técnicas para reducir el estrés, además de comunicarse con los ángeles regularmente. Descubrió un amor y empatía especial por Rafael.

Naturalmente, si usted necesita la ayuda de Rafael en una curación de algún tipo, sólo debe pedirla. También puede pedirle al arcángel que sane a otros cuando eso sea apropiado. Recuerde que todos los métodos de curación alternativos deben ser usados junto con la medicina tradicional. Siempre debe consultar a su médico cuando necesite ayuda para solucionar un problema de salud.

Hay varios métodos para consultar a Rafael por curación, con los cuales puede experimentar.

Descansando en sus brazos

Este es un ejercicio de visualización que es muy restaurativo. A casi todos nos gusta tener a alguien especial que nos abrace. Incluso el contacto de una mano puede ser increíblemente reconfortante y curativo. Si estos simples actos con otra persona pueden lograr tanto, imagine cómo será el alivio cuando abrace a Rafael.

Cuando la vida parezca estar conspirando contra usted, es maravillosamente terapéutico relajarse en los brazos de Rafael y sentir su amor y energías curativas.

El mejor tiempo para hacer esto es en cama por la noche. Sin embargo, también puede realizar este ejercicio sentado. Por consiguiente, en una situación de crisis, podría desarrollarlo casi en todas partes.

Siéntese o acuéstese cómodamente. Cierre los ojos, tome tres respiraciones profundas y luego imagine que está descansando en los brazos de Rafael. Perciba su suave aliento; sienta el calor de su cuerpo, y la presión delicada de sus brazos y alas que lo envuelven con ternura y amor. Podría comunicarse con él, pero generalmente descansará en sus brazos, disfrutando la paz, amor y seguridad que brinda.

Permanezca en los brazos del arcángel todo el tiempo que quiera. Si hace este ejercicio en el trabajo, podría abrir los ojos después de sesenta segundos. Si se está relajando en sus brazos en la cama por la noche, podría permanecer en esta posición hasta quedarse dormido. Descubrirá que el sueño después de este ejercicio es muy beneficioso y restaurativo.

Para hacer este ejercicio no debe esperar hasta que necesite desesperadamente la ayuda de Rafael. Si hace la práctica regular de relajarse en los brazos del arcángel, verá que sus niveles de estrés bajan, se sentirá más capaz y en control, y todos los aspectos de su vida mejorarán cada vez más.

Autocuración con Rafael

Es natural preguntar "¿por qué yo?" cuando nos diagnostican una enfermedad. Esta es una reacción emocional típica frente a noticias desagradables. Es importante atravesar este período antes de pedirle ayuda a Rafael.

Reserve un tiempo en solitario, y pídale a su cuerpo que le ayude a entender por qué está sufriendo de esta enfermedad en particular. Tal vez deba hacer esto varias veces, especialmente si no ha estado antes sintonizado con su cuerpo. Muchas personas en gran parte viven enfocados en la cabeza, y tienen poco entendimiento de las necesidades del cuerpo físico. Saque el tiempo que sea necesario para que diferentes percepciones lleguen a usted.

Cuando haya hecho esto, acuda a Rafael usando cualquiera de los métodos que hemos visto. Háblele de sus temores y preocupaciones, y pida ayuda. Reconozca que la enfermedad ha surgido por una razón, y que tiene idea acerca de lo que puede ser. Dígale que está dispuesto a hacer los cambios necesarios en su vida que podrían ser requeridos, y que está listo para aprender las lecciones involucradas.

Agradézcale su interés y ayuda, y luego déjele el asunto en sus manos. Repita este ritual con la mayor frecuencia posible hasta que su salud se haya restablecido.

Si su condición es dolorosa, también debería contactar a Miguel, y pedirle fortaleza y valor hasta que se recupere.

Curación del aura

Los ángeles son seres de luz. Están llenos de la energía vital de Dios y usan el color, luz y vibración para curarnos en todos los niveles. Nuestras auras son campos electromagnéticos formados por color, luz y vibración. Esto significa que podemos pedirle al reino angélico que cure nuestro campo áurico, pues esta es la energía con la que ellos están más familiarizados.

Muchas personas pueden ver las auras, y creo que todos tenemos el potencial de hacerlo.[1] Es una capacidad útil que debemos desarrollar, pues nos ayuda de diferentes formas. Por ejemplo, la enfermedad aparece en el aura antes de que la persona se dé cuenta en su cuerpo físico.

Nuestra aura irradia todos los colores del arco iris. El tamaño del aura y la intensidad de los colores dependen de diversos factores, incluyendo la salud. La forma en que llevamos la vida también aparece en este campo energético. Alguien honesto y humanitario tendrá un aura grande, llena de colores vivos y brillantes. Una persona deshonesta tendrá un aura más pequeña, y los colores aparecen opacos. Esto puede explicar las palabras de Jesús cuando dijo: "Así mismo resplandezca la luz de ustedes delante de los hombres, para que ellos vean sus buenas obras" (Mateo 5:16).

Usted puede bañar su aura en un arco iris de colores cuando quiera. Hay dos formas de hacer esto. El primer método toma más tiempo, pero es un ejercicio agradable y muy beneficioso.

Acuéstese cómodamente, cierre los ojos y tome varias respiraciones lentas y profundas. Deje que una oleada de relajación atraviese su cuerpo con cada exhalación. Cuando se sienta totalmente relajado, imagine que se encuentra junto a un hermoso arco iris. Los colores son indescriptiblemente vivos, y usted tiene un temor reverencial mientras mira este increíble panorama. Dé un par de pasos hacia adelante, hasta que esté totalmente rodeado por el maravilloso y vibrante color rojo. Sienta la energía roja llenando su cuerpo de vitalidad. Tome varias respiraciones profundas de este rojo hermoso.

Cuando se sienta listo, dé unos pasos más y disfrute la sensación de estar totalmente rodeado por la magnífica energía anaranjada. Permita que la sensación de paz y tranquilidad entre a cada célula de su cuerpo mientras está en el centro del color naranja. Aspire energía anaranjada, y siéntala llegando a cada parte de su cuerpo.

Disfrute el naranja todo el tiempo que quiera, y luego pase al amarillo. Experimente la alegría y felicidad que esto brinda. También podría sentir una estimulación mental. Aspire toda la energía amarilla que quiera, y deje que el placer que le da se extienda a través de usted.

Pase al verde. Este es un color rejuvenecedor y usted puede sentir las energías curativas que brinda mientras lo envuelve. Tal vez experimente amor por toda la humanidad estando en medio de este poderoso color. Tome varias respiraciones profundas del verde.

El siguiente color es el azul. Sienta la emoción cuando entre a los rayos de este color. Podría sentirse más joven y listo para cualquier cosa, mientras disfruta la energía suministrada por el azul. Recuerde tomar varias respiraciones profundas de energía azul pura.

Cuando entre al índigo, los cambios serán sutiles. Reconocerá su intuición y la capacidad de hacer lo que fije en su mente. Experimentará amor por el hogar, la familia y las personas cercanas a usted. Tome varias respiraciones de índigo, y permita que llene su cuerpo.

Finalmente, entre al rayo violeta. En seguida se dará cuenta por qué ha sido siempre considerado un color espiritual. Podría sentir un contacto más cercano con lo divino, o tener una sensación arrolladora de paz y amor. Tome varias respiraciones profundas de esta extraordinaria energía.

Disfrute el violeta todo el tiempo que quiera, y finalmente salga del arco iris. Visualícese en el escenario más hermoso que pueda imaginar. Siéntese tranquilamente y disfrute la sensación agradable de relajación por todo su cuerpo. Mantenga los ojos cerrados y pídale a Rafael que se haga presente. Cuando él llegue, pídale que examine su aura para asegurarse de que ha obtenido todo lo necesario del arco iris. El arcángel podría comunicarle que su aura se ve maravillosa, o sugerirle que retorne a ciertos colores y aspire más de sus energías. Agradezca a Rafael por hacer esto. Pase unos momentos reviviendo las diferentes vibraciones, energías y sensaciones que cada color le brindó. Cuando se sienta listo, abra los ojos.

Se sentirá revitalizado en mente, cuerpo y espíritu después de hacer este ejercicio. En cierto sentido, ha lavado su aura con todos los colores del arco iris, y como resultado se habrá expandido y estará brillando. Rafael también ha examinado este campo energético y hecho sugerencias que eran necesarias. Con su aura vibrante y saludable, se sentirá maravilloso en mente, cuerpo y espíritu; tendrá toda la energía que necesita para cumplir con las tareas del día.

El segundo método de bañar el aura es tomar respiraciones profundas de cada color. Cierre los ojos e inhale energía roja pura. Repita esto con los otros colores. Luego pídale a Rafael que venga y examine su aura. Él puede sugerirle que tome respiraciones adicionales de uno o más colores. Agradézcale antes de abrir los ojos. Yo prefiero sacar tiempo para caminar a través del arco iris, pero este segundo método puede ser realizado en un par de minutos. Por consiguiente, es un ejercicio útil cuando no tenemos suficiente tiempo para desarrollar el método del arco iris.

Estos ejercicios son útiles porque todos los colores del aura se benefician. Gracias a los consejos de Rafael, los colores débiles tendrán más atención para equilibrar y armonizar el campo energético.

Una vez que reconozca los colores del aura, y empiece a sentir sus diferentes energías, es probable que sepa cuándo uno de sus colores se ha debilitado. Cuando esto suceda, tome varias respiraciones profundas de ese color. También puede hacer esto cuando quiera dar energía adicional a cierta área. Si tiene un resfriado, por ejemplo, podría absorber más energía azul. Si desea más confianza por una razón en particular, inhale rojo para llenarse de entusiasmo, energía y seguridad ilimitada.

Manos curativas

Muchas personas tienen lo que se conoce como "manos curativas". Esto significa que la gente recibe beneficios de su contacto. Algunas de estas personas se convierten en curadores espirituales y hacen un maravilloso trabajo con plantas, animales y seres humanos. Muchos creen que este es un don reservado a pocos afortunados. Sin embargo, cualquiera puede desarrollar las manos curativas y usar este talento para ayudar a otros. Naturalmente, debemos tener un fuerte deseo de ayudar a los demás, y también ser equilibrados y estables. Es un honor poder transmitir energía curativa a otras personas; definitivamente no es una oportunidad para un viaje del ego.

Empiece parándose al aire libre o cerca de una ventana abierta, con los pies separados unos treinta centímetros. Exhale todo el tiempo que pueda, hasta que sienta que todo el aire ha salido de sus pulmones. Aspire profunda y conscientemente hasta llenar el abdomen con aire. Imagine que está inhalando espíritu puro cuando aspira, y exhalando energía curativa al espirar.

Tome varias respiraciones profundas, llenando su cuerpo con prana, o espíritu divino. Cuando sienta que todo su cuerpo está lleno de esta energía, tome otra respiración profunda. Extienda las manos frente a usted, con las palmas hacia arriba. Mientras exhala, imagine la energía pránica saliendo del área del corazón y extendiéndose por los brazos hasta las palmas de sus manos. Haga esto varias veces.

Coloque los dedos de la mano derecha en el hombro izquierdo, mientras pone los dedos de la izquierda en el hombro derecho. Deje que los dedos se deslicen lentamente por los brazos hasta las manos. Apriete las manos.

Ahora sus manos tienen toda la energía necesaria para curar. No obstante, si empieza a practicar la curación sin acudir a una fuente superior, rápidamente agotará su energía. Esto les sucede a muchos curadores.

Por consiguiente, llame a Rafael para que le ayude con la curación. Visualice su presencia alrededor de usted, y pida su permiso antes de poner las manos sobre la persona que está buscando curación. En la práctica, usualmente pongo mis manos a una o dos pulgadas de la persona que estoy sanando. Haciendo esto, puedo sentir la energía saliendo de mis palmas, y mis pacientes sienten el calor en el cuerpo. Experimente con la curación con contacto y sin contacto, y vea cuál método le funciona mejor.

Debe transmitir amor además de curación a sus pacientes. El amor es una de las fuerzas más poderosas del universo, y contiene toda emoción o sentimiento positivo. El amor elimina el odio, sufrimiento, estrés, frustración, ira y otras emociones negativas. Por sí solo es un curador asombroso; cuando se combina con energía divina, es invencible.

Debería realizar esta forma de curación regularmente. Varias sesiones cortas resultarán más efectivas que una sola sesión larga. Descubrirá que mientras practica esto desarrolla su propio estilo. Algunos curadores hablan de diversos temas mientras hacen el trabajo curativo, mientras otros permanecen en silencio. A mí me gusta charlar con los pacientes, pues me permite descubrir actitudes negativas que deben ser corregidas junto con la curación. Con frecuencia coloco mi mano izquierda, con la palma hacia arriba, a la altura del hombro, para recibir energía curativa de Rafael, mientras mi mano derecha está a una o dos pulgadas del cuerpo del paciente. Mientras hago esto, visualizo la energía fluyendo a través de mí. Esto significa que soy solamente un conducto, y por lo tanto no pierdo energía personal. En realidad, en lugar de sentirme agotado, me siento estimulado y lleno de energía después de curar a otras personas.

Tenga en cuenta que usted sólo está transmitiendo energía curativa a sus pacientes, y que no es la fuente. Es energía divina, y debe dar gracias antes y después de sus curaciones por la oportunidad de servir. También debería agradecer a Rafael por venir en su ayuda y permitir que la curación tome lugar.

Curación a distancia

Idealmente, debemos transmitir curación sólo a personas que la soliciten. La gente se enferma por diversas razones. Por ejemplo, alguien que está enfermo porque así recibe atención adicional, no desearía ser sanado, pues se siente mejor estando mal. Es probable que haya ocasiones o situaciones en que no puede pedir permiso de antemano; en esos casos, pregúntele a Rafael si debe o no enviar energía curativa. Incluso si hacer esto no es buena idea, siempre podrá transmitir pensamientos de amor y alivio.

Supongamos que el permiso ha sido dado. Hay tres formas para transmitir la curación. Podría sentarse tranquilamente, pensar en la persona y enviarle pensamientos curativos. El segundo método asume que usted está en contacto con su ángel guardián. Este es su ángel especial que le fue asignado antes de nacer y permanecerá siempre a su lado. Su ángel lo cuida constantemente y le brindará ayuda cuando sea pedida; no impedirá que cometa errores, a menos que usted pida consejo primero. Equivocarse es una de las mejores formas de aprender. Si está en contacto con su ángel guardián, puede pedirle que transmita mensajes curativos al ángel guardián de la persona enferma. El método final es contactar a Rafael y pedirle que envíe amor y curación.

Convertirse en curador

Nada podría ser más importante que curar. Si cree que el propósito de su vida sería expresado mejor sanando a otros, debería pedirle a Rafael que le ayude a convertirse en el mejor curador que pueda ser. El arcángel le ayudará a encontrar la mejor forma de utilizar sus talentos en esta área; le ayudará a descubrir la mejor modalidad para usted, y asegurará que aparezcan los maestros y contactos apropiados. Con Rafael como compañero, no habrá límite para lo que puede lograr.

Rafael tiene muchos roles. La curación es uno de los más importantes, por eso él es conocido como el médico divino. Sin embargo, también tiene otras tareas; una de ellas es ocuparse del elemento aire. Veremos su papel en esto en el siguiente capítulo.

Siete

RAFAEL Y EL AIRE

LOS antiguos creían que el mundo fue creado cuando la energía universal combinó los cuatro elementos fuego, tierra, aire y agua. Estos elementos son fuerzas universales, y cada uno proyecta sus cualidades únicas al mundo. Durante miles de años, los elementos han tenido numerosos atributos asociados con ellos, tales como colores y formas, y los diferentes signos del zodiaco. Géminis, Libra y Acuario son los signos de aire. El naranja y el violeta son los colores asociados con el aire, y éste a menudo es mostrado como un círculo. Rafael es el arcángel relacionado más frecuentemente con este elemento.

Los cuatro elementos son una forma útil de escritura, y crean un buen sistema mnemónico. Por ejemplo, la fuerza de voluntad es asociada con el fuego; el intelecto es relacionado con el aire, las emociones con el agua, y el cuerpo físico con la tierra. El agua y la tierra son consideradas pasivas y femeninas, mientras el fuego y el aire se toman como masculinos y activos. A diferencia de los otros elementos, el aire es invisible. No podemos cogerlo, pero es esencial para la vida. También es variable; puede estar quieto, y en un momento transformarse en un violento huracán.

Debido a que Rafael es asociado con el aire, podemos contactarlo por ayuda cada vez que necesitemos separar el pensamiento y la emoción. Puede ayudarnos a eliminar el estrés y los patrones de pensamiento negativos.

Respiración

Una forma efectiva de trabajar con el elemento aire es concentrarse en la respiración. Usted ya ha hecho esto varias veces en los experimentos que hemos visto.

Siéntese cómodamente, cierre los ojos y concéntrese en su respiración. Empiece a contar mientras hace esto, posiblemente hasta tres mientras inhala, sosteniendo la respiración a la cuenta de tres, y luego exhalando mientras cuenta de nuevo hasta tres. Escoja el número apropiado de cuentas para que respire profunda y fácilmente. Luego de unos minutos, se encontrará sumergido en un estado contemplativo y meditativo.

Piense en el elemento aire y lo que significa para usted. Recuerde momentos en que el aire lo vigorizó o emocionó. Podría recordar las cometas que elevaba en su infancia cuando había mucho viento. Yo recuerdo reír lleno de alegría mientras corría en medio de un viento fuerte cuando tenía tres o cuatro años de edad.

Piense en Rafael y lo que ya sabe acerca de él. Piense en su asociación con el elemento aire, y vea cómo se relaciona esto con sus otras áreas de interés tales como la creatividad, comunicación, aprendizaje, amor y diversión. Podría contactarlo en este momento, o simplemente enviarle un mensaje de agradecimiento.

Concéntrese de nuevo en su respiración y luego abra los ojos. Hacer una pausa en la rutina diaria para tomar varias respiraciones lentas y profundas, es una buena forma de reducir el estrés y la tensión. También nos recuerda que la influencia de Rafael nos rodea totalmente a todo momento.

Curación con la respiración

La curación respirando sobre una parte del cuerpo herida o afectada es una práctica muy antigua, y puede ser usada como complemento de otros métodos curativos. Antes de empezar, tome varias respiraciones lentas y profundas para llenar su cuerpo con energía curativa. Me gusta visualizarme inhalando un verde puro, pues este color es asociado con la curación. Cuando sienta que su cuerpo se encuentra lleno de energía curativa, inclínese cerca de la parte afectada y sóplela suavemente, visualizándola sana y perfecta de nuevo. Haga esto durante dos o tres minutos, dos veces al día, hasta que la lesión esté curada.

También puede usar esta técnica, conocida como insuflación, para saturar de energía beneficiosa algo en lo que esté trabajando. Una conocida mía que escribe novelas románticas siempre sopla energía roja sobre sus páginas antes de empezar a escribir. Ella dice que esto la ayuda a tener el estado de ánimo apropiado para escribir el tipo de libros que quieren sus lectores.

Incienso

El humo es otra forma de hacer visible el elemento aire. Debido a que el humo da vueltas como una espiral y asciende hacia el cielo, tenemos un sentido de las cualidades misteriosas y místicas del aire. La gente ha usado incienso en ritos y rituales durante miles de años para representar el elemento aire y producir cambios en la conciencia. Originalmente se creía que el buen olor del incienso prendido llamaba la atención de los dioses. La gente también creía que las oraciones y peticiones eran llevadas al cielo en el aromático humo. Hay varias alusiones a esto en la Biblia.[1] La primera receta conocida para preparar incienso también aparece en la Biblia (Éxodo 30:34). Sin embargo, los hebreos no fueron los primeros en usarlo para estos propósitos; parece probable que lo hayan aprendido de los sumerios, babilonios, caldeos, cananeos y egipcios. En el antiguo Egipto, la fabricación del incienso era considerada un arte tan importante, que sólo a sacerdotes muy preparados se les permitía hacerlo. El olíbano era quemado al salir el Sol, la mirra a mediodía y el kyphi en la puesta del Sol para celebrar el avance del dios solar Ra a través del día.

El incienso era usado en Delfos. El oráculo era rodeado de humo, y esto la ayudaba a entrar en el estado de trance necesario para hacer sus predicciones. Aunque nadie sabe exactamente qué era quemado en Delfos, la gente ha sugerido hojas de datura y laurel. Éstas desde luego creaban el estado alterado apropiado.

El incienso puede ser adquirido para muchos propósitos. Las siguientes son hierbas sugeridas para crear incienso para diferentes objetivos:

> **Adivinación**— Anís, altea, albahaca, casia, cedro, canela, quinquefolio, culantro, olíbano, lavanda, lila, artemisa, rosa, hierba de San Juan, sándalo, tomillo, valeriana, ajenjo, milenrama, tejo.

> **Amor**— Pimienta inglesa, ámbar gris, angélica, anís, balsamea, albahaca, bergamoto, casia, cereza, canela, quinquefolio, clavos, culantro, eneldo, sangre de dragón, saúco, hinojo, jengibre, ginseng, madreselva, jazmín, lavanda, toronjil, lila, mandrágora, caléndula, mejorana, ulmaria, muérdago, agripalma, almizcle, mirto, naranja, orquídea, orégano, lirio de florencia, menta piperita, llantén, primavera, rosa, romero, salvia, sándalo, menta verde, dragoncillo, tomillo, valeriana, vetiver, violeta, vistaria, ajenjo, milenrama.

> **Confianza**— Hinojo, ajo, almizcle, roble, romero, hierba de San Juan, dragoncillo, tomillo, cúrcuma.

> **Curación**— Áloe, fresno, camomila, canela, eucalipto, hinojo, ajo, mejorana, hierbabuena, ortiga, cebolla, pino, romero, serbal de los cazadores, azafrán, salvia, sándalo, tomillo, sauce, milenrama.

> **Espiritualidad**— Canela, trébol, olíbano, mirra, sándalo.

Éxito— Angélica, albahaca, cedro, canela, olíbano, jengibre, brezo, toronjil, luisa, caléndula, muérdago, mirra, rosa, serbal de los cazadores, hierba de San Juan, sello de Salomón.

Intuición— Hojas de laurel, canela, hierba centella, saúco, eufrasia, avellano, hisopo, lavanda, caléndula, artemisa, mirística, roble, tomillo, ajenjo, milenrama.

Limpieza del espacio sagrado— Canela, clavo, pino, tomillo, verbena.

Meditación— Acacia, camomila, olíbano, jazmín, perejil, salvia, sándalo, tomillo, verbena.

Paz— Áloe, camomila, gardenia, lavanda, violeta.

Prosperidad— Agrimonia, anís, camomila, casia, canela, trébol, diente de león, sangre de dragón, olíbano, tila, madreselva, lavanda, caléndula, ulmaria, muérdago, almizcle, mirra, mirística, naranja, menta piperita, rosa, romero, hierba de San Juan, sándalo, menta verde, sello de Salomón, girasol, vetiver, gaulteria, milenrama.

Protección— Acacia, áloe, angélica, anís, balsamea, albahaca, betónica, alcaravea, camomila, casia, canela, quinquefolio, clavo, culantro, eneldo, sangre de dragón, hinojo, helecho, ajo, espino, acebo, hisopo, hiedra, lavanda, luisa, lila, mandrágora, mejorana, ulmaria, artemisa, cebolla, pervinca, rosa, romero, serbal de los cazadores, salvia, hierba de San Juan, sándalo, verbena, hamamelis de Virginia, ajenjo.

Purificación— Anís, benjuí, betónica, quinquefolio, sangre de dragón, hinojo, olíbano, hisopo, lavanda, limón, pino, romero, sándalo, tomillo, valeriana, verbena.

Rafael— Grano de anís, albahaca, casia, canela, clavos, eneldo, eufrasia, avellano, luisa, lila, lima, mejorana, hierbabuena, mirística, menta piperita, sándalo, estoraque, verbena.

Sabiduría y conocimiento— Angélica, balsamea, albahaca, casia, canela, ajo, romero, salvia, sello de Salomón, girasol, tomillo, ajenjo, milenrama.

Sueños agradables y protección mientras se duerme— Camomila, hierba gatera, jazmín, luisa, caléndula, artemisa, mirística, menta piperita, primavera, menta verde, girasol.

Hay varios libros disponibles que le enseñan cómo hacer su propio incienso.[2] También puede comprarlo. Los conos y palitos de incienso son adquiridos para diversos propósitos y se consiguen fácilmente.

Puede quemar incienso mientras medita o cuando contacte a Rafael. Es bueno pasar objetos a través del humo de un incienso apropiado para imbuirlos de las cualidades que desea. Por ejemplo, si quiere más dinero, podría pasar un objeto pequeño relacionado con este propósito a través del humo producido por un incienso de prosperidad para crear un talismán poderoso que atraerá la abundancia. También puede usar incienso para eliminar energías indeseadas. Use un incienso fuerte o ardiente para esto, y visualícelo llevándose actitudes o creencias negativas. Luego debe quemar otro incienso que tenga las cualidades que quiere estimular. Naturalmente, puede prender incienso en cualquier momento. Esto le recordará que Rafael está siempre cerca y al mismo tiempo le permitirá recibir los beneficios adicionales que brinda el incienso en particular.

Vasija de potpourri

El incienso no le gusta a todo el mundo, y una vasija de potpourri es un buen sustituto. Se trata de una pequeña vasija que se pone sobre un marco encima de una vela. Las vasijas de potpourri se consiguen fácilmente en tiendas de objetos de regalo y artículos importados. Échele agua a la vasija y adicione algunas hierbas. Encienda la vela y espere que el agua se evapore lentamente, llenando el aire con una delicada fragancia. Esto, a propósito, crea condiciones perfectas para cualquier trabajo que involucre a Rafael, porque están incluidos los cuatro elementos. El agua viene de la vasija, el fuego de la vela, la tierra de las hierbas, y el aire es producido cuando el agua se evapora. Tres elementos se combinan para producir el elemento aire de Rafael.

Voz y sonido

"En el principio era la Palabra" (Juan 1:1). Esta cita muestra que en la tradición judeo-cristiana, la Palabra era sinónimo del acto de creación, y que las palabras pueden crear. Las palabras siempre han sido consideradas poderosas, como lo demuestra la famosa historia hebrea del golem. Un rabino hizo un hombre de arcilla, y le dio vida escribiendo un nombre sagrado en su frente. Desafortunadamente, el golem se salió de control. El rabino cambió una letra del nombre sagrado, y ahora se leía como "muerte". El golem murió de inmediato.

En la tradición musulmana, Mahoma oyó una voz mientras meditaba en una cueva. Esta voz le dijo que él sería el líder religioso de su pueblo, y durante un período de tiempo le dictó el Corán. Los musulmanes creen que la voz era del arcángel Gabriel.

El sonido es energía, y la palabra hablada transmite energía vibratoria a través del elemento aire de Rafael. Esto significa que nuestra voz es una herramienta efectiva que mejora la comunicación con el arcángel. La voz está conectada con el elemento aire, y nuestras palabras son potencialmente muy poderosas. Cada vez que hablamos, transmitimos un mensaje a través del aire. Podemos usar esto para tener una relación más cercana con Rafael.

Cantar es una forma poderosa de crear energía psíquica y espiritual. Esta práctica también ha sido usada por muchas religiones como una manera de alcanzar un estado alterado de conciencia. En realidad, de aquí proviene la palabra encanto; alguien o algo queda encantado por el canto. Los místicos hebreos usan los nombres secretos de Dios, mientras los seguidores del Islam cantan los 99 nombres de Alá. Los mantras son comúnmente cantados en Oriente. Om (o aum) es considerado la voz del universo.

Me gusta oír CDs de cantos gregorianos, y regularmente los pongo para que otras personas entiendan el verdadero significado de cantar. Esto también les ayuda a comprender la técnica. Escuchar cantos es terapéutico y agradable, pero se experimenta mucho más cuando uno participa.

La entonación es una técnica efectiva de producir sonidos sin palabras. Todo en el universo tiene su propio tono especial. El conocimiento de esto permite curar a otros produciendo el tono correcto para las personas que están siendo tratadas.

Cada sonido que hagamos es recibido por el elemento aire. Por consiguiente, cada vez que cantamos o tarareamos, estamos enviando un mensaje a Rafael. Estos son mensajes positivos, pues la mayoría de gente canta sólo cuando se siente feliz. Tamborilear, aplaudir y tocar un instrumento musical tienen el mismo efecto.

La expresión "música de las esferas" se relaciona con los sonidos celestiales oídos por santos mientras se encuentran en un estado de trance o éxtasis. En la Biblia, leemos:

> Después de esto miré, y he aquí una puerta abierta en el cielo; y la primera voz que oí era como de una trompeta, que hablaba conmigo, y decía: sube acá, y te mostraré las cosas que tienen que suceder (Revelación 4:1).

Naturalmente, la música de las esferas también incluye los sonidos de los ángeles: "Y miré, y oí la voz de muchos ángeles alrededor del trono" (Revelación 5:11). Los ángeles a menudo son mostrados tocando arpas. Esta tradición podría haber surgido como resultado de personas oyéndolos tocar.

Recientemente hablé con una profesora de piano, quien me dijo que regularmente captaba la vislumbre de un ángel cuando uno de sus alumnos tocaba este instrumento. Ella quería saber por qué veía el ángel sólo cuando este alumno en particular practicaba. También creía que tal vez imaginaba toda esta experiencia. La aparición angélica era real. A través de los años, he hablado con muchas personas que han visto ángeles cuando está siendo tocada música hermosa. También creo que ella veía ángeles cuando este estudiante tocaba porque él se sumergía totalmente en la música. En realidad, estaba elevando una oración al cielo cada vez que tocaba.

Decir oraciones en voz alta también emplea el sonido. Puede no ser posible hacer esto todo el tiempo, pero es una experiencia edificante. Muchas personas han afirmado sentir una relación más estrecha con lo divino cuando expresan sus oraciones en voz alta.

Hay muchos conceptos erróneos acerca de las oraciones. Podemos rezar en cualquier momento y lugar. Una oración es una conversación con el arquitecto del universo. A veces se siente como una conversación unidireccional, y esto no es sorprendente si pensamos que la mayoría de gente sólo reza cuando desea algo. Las oraciones deben incluir las gracias por las bendiciones de nuestra vida y todas las oportunidades que tenemos para crecer y desarrollarnos. También debemos hablar normalmente; no hay necesidad de decir oraciones de manera muy formal.

En el Tíbet, muchas personas usan ruedas y banderas de oración. Ambas usan el elemento aire. Los mantras escritos en las banderas son soplados al universo por el viento. Los mantras también son escritos en rollos de papel que son consagrados por un lama y puestos dentro de una rueda de oración. Luego la rueda es girada, entrando en juego el elemento aire. Girar la rueda no se considera tan efectivo como decir las palabras en voz alta. Por consiguiente, debe ser repetido muchas veces para que tenga la misma efectividad. Se cree que los mantras poseen gran energía, pero debido a que son difíciles de dominar, la mayoría de tibetanos prefiere usar las banderas y ruedas de oración.

Las campanas de viento son una adición útil para la casa, pues regularmente nos recuerdan a Rafael y el elemento aire.

Glosolalia

Glosolalia significa "hablar en lenguas". Normalmente esto ocurre cuando la persona que habla se encuentra en un estado elevado de conciencia, y usualmente no es consciente de lo que sucede. Debido a que usa la voz, este fenómeno está relacionado con Rafael, y podemos usarlo para recibir mensajes del reino angélico. Sin embargo, como podemos no ser conscientes de lo que ha ocurrido, es bueno tener a alguien al lado que registre la sesión o tome notas.

Siéntese o arrodíllese en su espacio sagrado, cierre los ojos y relájese. En su imaginación, véase existiendo en diferentes planos al mismo tiempo. Piense en su cuerpo físico que lo mantiene conectado a la tierra. Dirija la atención a su cuerpo mental que le permite pensar y crear. Usted tiene un cuerpo emocional que le permite sentir; su cuerpo intuitivo le permite intuir, y su cuerpo espiritual es parte integral de lo divino.

Mientras piensa en esto, reconozca cada uno de estos cuerpos, y sea consciente de lo especial que es usted. Puede lograr lo que quiera, y ahora su objetivo es comunicarse con Rafael.

Empiece cantando el nombre Rafael, usando un tono diferente para cada sílaba. Pronúncielo: Raf-ay-el. Siga cantando

las mismas tres notas una y otra vez. Notará los sonidos rever-
berando por todo su cuerpo mientras hace esto, estimulando
y revitalizando cada célula. Muchas personas se emocionan
inesperadamente al hacer este ejercicio, lo cual es perfecta-
mente natural, y no hay necesidad de preocuparse.

Luego de un tiempo, se dará cuenta que ha entrado a un
estado alterado. Por ahora, debería casi ignorar el hecho de
que aún está cantando las mismas tres notas una y otra vez.
De repente, dejará de cantar y empezará a hablar en una
lengua extraña. Es improbable que sea consciente de esto.
El fenómeno terminará tan repentinamente como empezó,
y usted será consciente de sí mismo de nuevo.

Tome unas respiraciones lentas y profundas para equili-
brarse, y luego abra los ojos. Aunque tal vez no sabrá conscientemente lo que ocurrió, se encontrará lleno de energía
espiritual. Este es un regalo de Rafael. Abra los brazos y agradézcale sinceramente la bendición que le dio. Cuando se
sienta listo, levántese y continúe con su día.

Afirmaciones

Las afirmaciones son sugerencias positivas deliberadamente
implantadas en la mente subconsciente para lograr ciertos
objetivos. Consisten en dichos cortos que son repetidos una
y otra vez hasta que la mente subconsciente los acepta como
realidad. Una vez que esto ocurre, la mente consciente de la
persona empieza a actuar sobre ellas y los cambios beneficiosos se presentan de inmediato.

Las afirmaciones muestran lo importante que es pensar
positivamente. A lo largo de la vida adoptamos actitudes y

creencias de otros, y con frecuencia nos impiden progresar después. Por ejemplo, si sus padres tenían una actitud negativa frente al dinero, es probable que usted tenga esos mismos sentimientos al respecto. Esto significa que se está saboteando a sí mismo subconscientemente. El remedio sería cambiar sus creencias acerca del dinero. Todos tenemos de cincuenta mil a sesenta mil pensamientos al día, y generalmente no tenemos idea de cuántos son positivos y cuántos negativos. Las afirmaciones nos permiten tomar el control e introducir pensamientos positivos en nuestra mente.

Podemos repetir las afirmaciones en silencio o en voz alta. Si es posible, es mejor decirlas en voz alta, pues así se involucra el elemento aire y también las oímos, incluyendo otro sentido en el proceso. Pero, esto no siempre es posible. Muchas veces digo las afirmaciones a mí mismo mientras hago fila en el banco o el supermercado. En estas ocasiones, las repito en silencio.

Las afirmaciones deben ser expresadas en tiempo presente, como si ya tuviéramos lo que estamos buscando. Las siguientes son afirmaciones que he encontrado útiles:

"Estoy en armonía con el universo".

"Disfruto una relación estrecha y amorosa con Rafael".

"Soy una persona amorosa y humanitaria".

"Tengo abundancia en todas las áreas de mi vida".

Es importante que se sienta bien con sus afirmaciones. Si no cree que podría tener abundancia en todas las áreas de su vida, transmitirá ese pensamiento a su subconsciente junto con la afirmación, y ésta no funcionará hasta que cambie sus creencias básicas.

Si está inseguro de una afirmación, repítala a sí mismo varias veces, mientras escucha lo que su cuerpo le dice al respecto. Es probable que tenga una sensación de malestar, tal como presión en el pecho o un nudo en la garganta. Esta es la forma en que su cuerpo le dice que se siente insatisfecho con la afirmación. Pase un tiempo pensando en por qué podría ocurrir esto, y luego diga la afirmación de nuevo. Siga haciendo esto hasta que el cuerpo no le dé respuesta o responda favorablemente. Una vez que llegue a este punto, podrá decir la afirmación y sabrá que la mente subconsciente está actuando sobre ella.

Debe repetir sus afirmaciones con la mayor frecuencia posible. Experimente cantándolas, además de decirlas. Acentúe diferentes palabras; dígalas en voz muy baja y grítelas. Disfrute el proceso, y recuerde que Rafael sabe lo que usted está haciendo, y jugará un papel activo al ayudarlo a lograr sus objetivos.

Si lo desea, puede invitar a Rafael a que se haga presente mientras dice sus afirmaciones. Relájese en su espacio sagrado, y cuando se sienta listo, pídale al arcángel que se una a usted. Dígale lo que planea hacer; explique cada afirmación y la razón por la que la dice. Dígale qué cambios piensa realizar en su vida, y pídale ayuda para hacerlos realidad.

Después de esto, cierre los ojos y diga sus afirmaciones con toda la energía y entusiasmo posible. Sienta el efecto que cada afirmación tiene sobre usted mientas la dice. Cante algunas de ellas, diga otras con voz extraña y acentúe diferentes palabras. Cuando finalice esto, se sentirá totalmente revitalizado y creerá que puede lograr cualquier cosa.

Cuando termine, pídale a Rafael su aporte. Lo que él sugiera será útil; podría pensar que usted está haciendo un excelente trabajo y debería continuar así. Tal vez le sugerirá que cambie la redacción de una afirmación en particular, o elimine una afirmación y la reemplace con otra.

Hable lo que quiera con Rafael y luego déle las gracias. Naturalmente, no podrá hacer esto cada vez que diga sus afirmaciones, pero observará que su progreso es más fácil cuando Rafael está involucrado activamente.

No espere resultados inmediatos con sus afirmaciones. Está sembrando semillas en la mente subconsciente y debe seguir repitiéndolas una y otra vez. Con el tiempo, serán aceptadas por la mente subconsciente, y usted se encontrará llevando la vida que siempre soñó.

Meditación con mantras

Los mantras son palabras sagradas de las antiguas escrituras védicas. La persona que recita estas frases recibe su poder y propósito. Esto sucede de diversas formas. Primero que todo, el significado literal de la frase es aceptado por la persona que la recita. Las vibraciones creadas en el cuerpo mientras el mantra es recitado, tienen un efecto profundo en el estado físico, mental, emocional y espiritual de la persona. Finalmente, por supuesto, hay un elemento mágico; este es el propósito de todo mantra.

Om mani padme hum es el mantra más conocido en Occidente. La traducción literal es: "Oh, tú joya del loto". Sin embargo, significa mucho más que eso. Mani significa cualquier cosa preciosa, lo cual incluye una mente iluminada; padme representa la flor de loto, pero aun más importante, indica también un despertar espiritual; Om representa la conciencia cósmica universal. Esto significa que el cuerpo, la mente y el espíritu son representados en este mantra. En la tradición budista, el loto (padme) significa nuestro propio corazón, y vivir en él es la joya (mani), o sea Buda. En Singapur, este mantra significa "que haya paz en el mundo".

Om es pronunciado aum. Debido a que esta palabra empieza en la parte más profunda de la garganta y termina con los labios cerrados, se relaciona con alfa y omega, el comienzo y el fin. Diga este mantra tomando una respiración larga y profunda. Om es pronunciado durante la primera mitad de la exhalación, seguido por mani padme, y un prolongado hum al final.

Debería sentir una poderosa vibración, casi como un zumbido, pasando sobre usted mientras dice este mantra. A medida que lo repita, una y otra vez, se sentirá cada vez más conectado con lo infinito. Este es el propósito de los mantras. Tendrá una sensación de paz y alegría, mientras se acerca gradualmente a la fuerza vital universal.

Om mani padme hum puede usarse para prácticamente cualquier propósito, pero hay numerosos mantras que están destinados a objetivos específicos.[3] Los mantras funcionan porque las vibraciones de los sonidos en el sistema nervioso producen efectos beneficiosos en la persona que los recita.

En la India, cada mantra debe ser recitado un cierto número de veces. La gente usa cuerdecillas de abalorios, similares a las cuentas del rosario, como ayuda para hacer esto. Cada cuerdecilla tiene 108 abalorios, de los cuales uno es un poco más grande que los otros, y se conoce como la cuenta del gurú. Debido a que este abalorio nunca puede ser atravesado, la persona que recita el mantra se detiene después de 108 repeticiones, o empieza a volverse en la otra dirección.

Me han preguntado por qué recitar un mantra oriental, tal como *Om mani padme hum*, puede ayudar a un occidental a tener una relación más cercana con Rafael. Aparte del hecho de que él está dispuesto a ayudar a cualquiera, sin importar en qué parte del mundo viva, o cuál sea su formación, los mantras usan el elemento aire. Por consiguiente, ya sea que digamos una afirmación, oración o mantra, Rafael lo oirá.

El sonido juega un papel importante en muchas disciplinas espirituales. El nada yoga, por ejemplo, es meditación con sonidos, y emplea mantras para enfocar la mente.

Cómo enviar mensajes escritos a Rafael

En *Escriba su Propia Magia*, mencioné a un hombre mayor que escribía sus peticiones en papel con tinta invisible y luego las tiraba al aire desde la cima de una montaña sagrada.[4] Una vez conversé con él y observé que lanzaba sus papeles en las cuatro direcciones cardinales; también decía entre dientes algunas palabras mientras los tiraba al aire. Yo había jugado con tinta simpática cuando era niño, pero nunca se me ocurrió usarla al enviar mensajes al reino angélico. Naturalmente, no desearía que otras personas leyeran mis mensajes a Rafael, y entre más pensaba en esto, más lógico me parecía.

Experimenté en un parque cerca de mi casa. Escribí tres mensajes, utilizando diferentes tintas simpáticas para cada uno. Usé leche para uno, jugo de limón para otro, y una tinta simpática hecha comercialmente para el tercero. Luego convertí las hojas de papel en forma de dardos y fui al parque temprano un miércoles por la mañana. Miré al Este y, justo cuando amanecía, lancé al aire los papeles con una corta bendición. Por ahora sabrá por qué escogí el día, la hora y la dirección. El miércoles es el día de Mercurio, que está asociado con Rafael; el alba es la hora del día que se relaciona con el elemento aire; y el Este es la dirección de Rafael. Pensé que esto le daría a mis peticiones el mejor comienzo posible.

Me paré sobre un pequeño montículo, y vi cómo los papeles fueron de inmediato levantados por una brisa suave, y planearon y danzaron unos momentos antes de aterrizar en el pasto. Dos de ellos cayeron a cien yardas de mí, pero el tercero viajó más de trescientas yardas y se detuvo sólo cuando quedó atrapado en un seto.

Estaba emocionado por enviar mis mensajes a Rafael de esta forma, pero de inmediato tuve un nuevo problema. ¿Debería dejar los papeles donde cayeron, o recogerlos y meterlos en un balde de la basura? No me gusta dejar basura tirada, y siempre trato de dejar los lugares que visito en mejor condición que cuando llegué.

Decidí recoger los papeles y llevarlos a casa conmigo. Mis peticiones a Rafael tenían que ver con un proyecto creativo en el que estaba trabajando y había resultado mucho más difícil que lo esperado. Casi olvido esta petición, porque estaba ocupado con diversos proyectos. Una tarde, varias semanas después, observé que los papeles se encontraban sobre un estante en mi oficina. En seguida me di cuenta de que había terminado el proyecto que me estaba causando dificultades. El trabajo fluyó tan armoniosamente después de mandar mi mensaje a Rafael, que olvidé por completo lo difícil que había sido. De inmediato envié un mensaje de agradecimiento al arcángel.

Desde entonces, he enviado muchos mensajes a Rafael de esta forma. Todavía recojo mis papeles cuando es posible, y los llevo de regreso a casa. En varias ocasiones, algún papel se ha alejado y salido del parque, haciéndome difícil hallarlo. En estos casos celebro escribir mis mensajes en tinta simpática.

Lo anterior cubre algunas de las formas en que podemos contactar a Rafael usando su elemento. En el próximo capítulo veremos las piedras específicas que se relacionan con este arcángel, y cómo pueden ser utilizadas para mejorar nuestra relación con él.

Ocho

RAFAEL Y LOS CRISTALES

LOS poderes curativos y sagrados de los cristales siempre han sido conocidos. Éstos son mencionados muchas veces en la Biblia. Aarón, el primer sumo sacerdote de Israel, usaba un pectoral religioso que contenía doce piedras, cada una inscrita con el nombre de una de las doce tribus de Israel (Éxodo 28:15–30). Estas piedras poseían cualidades misteriosas y milagrosas. Cuando el apóstol San Juan describió la "nueva Jerusalén", mencionó que los cimientos del muro "estaban adornados con toda clase de piedras preciosas" (Revelación 21:19).

Los cristales también han sido importantes en prácticamente todas las otras religiones. Son mencionados en el Talmud y el Corán. Los puranas hindúes describen una asombrosa ciudad adornada con joyas llamada Dwaraka, donde el Señor Krishna recibía sus visitantes. Los antiguos egipcios consideraban las gemas como parte integral de sus vidas espirituales.

Los cristales puestos en nuestro altar o espacio sagrado estimulan las visitaciones angélicas. Las vibraciones de diferentes cristales activan la comunicación con el reino angélico, dándonos acceso a conocimiento y curación. Tres piedras, la celestita, angelita y selenita, son consideradas especialmente útiles para contactar los reinos angélicos. El cuarzo rutilado también es importante, pues parece contener cabellos de ángel; no es sorprendente que con frecuencia sea conocido como cabello de ángel.

Rafael es atraído por muchos cristales. Le atrae cualquier cristal o piedra que sea claro, dorado, azul, amarillo, blanco o verde.

La mejor forma de encontrar el cristal o los cristales apropiados es buscar en una tienda lapidaria o cualquier otro lugar donde vendan piedras y cristales. Descubrirá que ciertas piedras responden a su tacto, mientras otras no tienen ningún efecto sobre usted. Coja todos los cristales que pueda. Algunos prácticamente le hablarán, mientras otros pueden ser insensibles. Cuando coja cada uno, pregúntese cómo lo usaría mejor. Tome su tiempo para hacer esto. A veces recibirá una respuesta inmediata en su mente, y en otras ocasiones podría tener la sensación de que debe comprar esa piedra en particular, aunque todavía no tenga pensado un uso específico para ella.

Tal vez deba visitar la tienda varias veces antes de hacer una compra. Escoja piedras que se comuniquen con usted; tendrá más éxito con éstas que con cristales que fueron elegidos solamente porque eran atractivos.

Cuando compre un cristal, debe limpiarlo antes de usarlo. Esto remueve las energías negativas que puede haber acumulado antes de llegar a sus manos. La forma más fácil de hacerlo es lavarlo en agua salada. Si vive cerca del mar, puede usar esta agua. Sin embargo, la sal de mesa común y el agua de grifo tienen el mismo efecto. Una vez que lave su cristal, déjelo afuera para que se seque naturalmente bajo los rayos ultravioleta, tanto en la noche como en el día.

Otra forma efectiva de limpiar el cristal es enterrándolo por veinticuatro horas. Si vive en un apartamento, podría meterlo en la tierra que rodea una planta de maceta.

Piedras curativas de Rafael

El verde es el color de la curación; brinda armonía, equilibrio, alegría, serenidad y paz mental. ¿Recuerda los sentimientos y sensaciones que experimentó cuando caminó a través del rayo verde del arco iris? Es probable que reviva estos sentimientos cuando trabaje con piedras verdes. Cuando acuda a Rafael por curación debe usar cualquier piedra verde que le atraiga. Las siguientes son algunas de las más utilizadas.

Crisoprasa

La crisoprasa es una calcedonia translúcida de color verdoso. Ha sido encontrada entre las joyas de momias egipcias, demostrando que sus propiedades especiales se han reconocido durante miles de años. Es la décima piedra mencionada por San Juan que estaba en los cimientos de la Nueva Jerusalén (Revelación 21:20). Alberto Magno afirmaba que Alejandro Magno usaba una crisoprasa en su faja.

Muchas cualidades han sido atribuidas a la crisoprasa. En un tiempo, se creía que si una persona condenada la ponía en su boca, escapaba de su ejecución; esto se debía a que la piedra la haría invisible. La crisoprasa siempre ha sido asociada con los ojos. Camilo Leonardo escribió: "su virtud primordial es cuidar la vista; estimula las buenas obras, destierra la codicia".[1] Sus atributos han aumentado a través de los años, y actualmente se cree que provee de perspicacia, conocimiento de sí mismo y una mayor percepción a quienes la usan. Estimula la imaginación y permite a la persona conocer más su potencial oculto. Es tranquilizante y cura el cuerpo físico y emocional. También puede liberar a las personas de sus adicciones.

La crisoprasa fue introducida a Europa durante las cruzadas, y muchos creyeron que se trataba del Santo Grial. Algunas de las muestras más notables de crisoprasa que datan de esta época, pueden ser vistas en el Treasury of the Three Magi (Tesoro de los tres Reyes Magos), en la Cúpula de Colonia, en la Alemania Occidental.

Esmeralda

La esmeralda es una variedad verde del berilo. Es la piedra de nacimiento de mayo, porque el color verde claro simboliza la primavera y el renacimiento que brinda esta estación. Existen registros que demuestran que las esmeraldas eran vendidas en los mercados de Babilonia hace seis mil años.[2] Cleopatra usaba esmeraldas que provenían de su propia mina en el Alto Egipto. Los antiguos egipcios creían que esta piedra aumentaba el amor y estimulaba la fertilidad. Aristóteles escribió que la esmeralda intensificaba la sensación de importancia en los negocios en sus dueños, aseguraba el éxito en juicios y litigios, y también aliviaban los ojos. Damigeron, un mago romano, escribió en el siglo II a. C.: "influencia todo tipo de negocio, y si uno permanece casto mientras la usa, adiciona sustancia al cuerpo y el habla".[3]

Tradicionalmente, se creía que las esmeraldas mejoran la mentalidad y la memoria, además de purificar los pensamientos. También se considera que actúan como amuletos protectores, y desvían las energías negativas hacia su punto de origen. Las esmeraldas son estimulantes y también brindan percepciones del futuro. Soñar con esmeraldas era considerado una señal segura de fama y éxito mundano en el futuro.

Estas piedras siempre han sido asociadas con amor, bondad y honestidad; requieren dichas cualidades en cualquiera que esté realizando curación con ellas.

Jade verde

En China, el jade es conocido como "la esencia concentrada del amor". Una mariposa hecha de jade simboliza un matrimonio largo y feliz. Una antigua leyenda dice cómo un hombre joven entró por casualidad al jardín de un rico mandarín mientras perseguía una mariposa. Él esperaba ser castigado, pero en lugar de eso conoció la hija del mandarín, y después se casó con ella. No es extraño que los hombres jóvenes en China frecuentemente den como obsequio a la novia una mariposa de jade. El jade verde siempre ha sido apreciado en Oriente, y el más antiguo carácter conocido para "emperador" en China es una cuerdecilla de abalorios de jade.

Los primeros exploradores españoles en América Central y del Sur llevaron jade de regreso a Europa, y también le dieron inadvertidamente el nombre de "jade". Este viene de piedra de hijada, que significa "piedra del costado". La llamaron así después de descubrir que el pueblo local usaba el jade como una cura para enfermedades de los riñones. Actualmente sigue empleándose para aliviar todas las aflicciones del abdomen inferior, incluyendo problemas renales. También atrae la abundancia.

Jaspe verde

El jaspe es una piedra translúcida que se encuentra en todo el mundo. Usualmente es de color rojo, amarillo, café, verde o azul. El famoso médico Claudio Galeno (c. 130–201) escribió que "el jaspe verde beneficia el pecho, si es atado sobre él".[4] Andreas, el obispo de Cesarea del siglo X, escribió:

> El jaspe, que como la esmeralda es de matiz verdoso, probablemente muestra a San Pedro, jefe de los após- toles, como alguien que sufrió tanto la muerte de Cristo en su naturaleza más profunda, que su amor por Él fue siempre enérgico y fresco. Por su fe fer- viente se ha convertido en nuestro pastor y líder.[5]

Tradicionalmente, se cree que el jaspe verde estimula la confianza y autoestima, aumenta el amor y el afecto, y amplía la conciencia intuitiva. Es una piedra importante para la seguridad, supervivencia y bienestar.

Venturina

La venturina es un miembro de la familia del cuarzo, y usualmente es de color verde, con inclusiones de hematites y mica. También ha sido considerada siempre como una piedra útil para cargar o usar en tiempos de trastornos emocionales. Libera el estrés, ansiedad y temor, mientras estimula sentimientos de independencia, seguridad y confianza.

Piedras de Rafael para la creatividad

Podemos usar cualquier piedra de color amarillo, naranja o dorado cuando acudamos a Rafael para mejorar nuestra creatividad, memoria y capacidad de aprendizaje.

Ámbar

El ámbar es la resina fosilizada del pino, y fue creado hace cincuenta millones de años. Las obras de arte tridimensionales más antiguas en el Norte de Europa fueron grabadas en ámbar, y tienen cerca de nueve mil años. Hay muchas teorías acerca de su origen. El político griego Nicias (?–413 a. C.) creía que era la esencia de los rayos solares que se habían desprendido cuando el Sol se ocultaba en el mar.

El ámbar era originalmente considerado una piedra curativa, y se recomendaba para la peste, impotencia, vértigo, enfermedades cardiacas, y para restañar sangre. En tiempos medievales, la gente creía que podía revelar la presencia de veneno. Cualquier cambio de color era visto como una señal de pérdida de afecto. En el siglo XVI, Leonardo afirmó que si el ámbar era "colocado sobre el seno izquierdo de una esposa cuando estaba dormida, la hacía confesar todos sus actos

malos. Si descubrimos que una mujer ha sido corrupta, deja-
mos la piedra en agua durante tres días, y luego se la mostra-
mos, y si ella es culpable, de inmediato la forzará a orinar".[6]

Actualmente, el ámbar es considerado un símbolo de fide-
lidad matrimonial; permite a los hombres y mujeres expresar
más fácilmente su lado femenino. Se cree que purifica la
mente, cuerpo y espíritu, mientras saca y elimina la negatividad. También ayuda a recordar vidas pasadas y estimula la
concentración y la memoria.

Berilo

En tiempos romanos, el berilo era considerado la gema del
amor juvenil, prometiendo grandes cosas para los enamo-
rados que lo usaban. También se consideraba excelente para
aliviar enfermedades de los ojos. El ojo afectado debía ser
lavado con agua que tenía un berilo inmerso en ella.

En el siglo XIII, Arnoldo Saxo escribió que el berilo era
una forma útil de protección en la batalla. "Quien lo usaba
se volvía inconquistable y al mismo tiempo amigable, mientras su intelecto era acelerado y era curado de la pereza".[7]

En la Edad Media, el berilo era conocido como una piedra oráculo. Un método incluía usar la piedra, suspendida
en un hilo, como un péndulo. En otro método se dejaba caer
el cristal en un tazón con agua, para luego interpretar las
alteraciones hechas en la superficie del agua.[8] Se creía que
era especialmente útil para encontrar objetos ocultos o perdidos. Sir Reginald Scot explicó cómo el berilo era usado
para propósitos de adivinación en su libro clásico *The Dis-
coverie of Witchcraft*:

Un niño, nacido en matrimonio, tomaba el cristal en sus manos, y el operador, arrodillándose detrás de él, repetía una oración a Santa Elena, para que lo que deseara se hiciera evidente en la piedra. La piedra más fina manifestaría la imagen de la santa en forma angélica, y respondería cualquier pregunta hecha a ella.[9]

Soñar con berilo es una señal de que avanzaremos rápidamente en la carrera escogida, y seremos respetados y honrados por otros. El berilo brinda conocimiento, verdad, franqueza y deseo de aprender.

Citrino

El nombre citrino viene de citron, la palabra francesa para limón. Se conoce como la "piedra de la riqueza" porque trae abundancia y prosperidad a quien la posee.

El citrino es una piedra reconfortante y estimulante; por consiguiente, elimina la negatividad y promueve el bienestar físico. Tiene dos asociaciones con Rafael. "Protegía al portador de los peligros al viajar".[10] También da ánimo y estímulo a alguien que esté estudiando.

Coralina

La cornalina es mencionada en el *Libro de los Muertos* egipcio como un amuleto de entierro protector. Aunque se dice que la primera de las doce piedras en el pectoral de Aarón era el sardio, es generalmente considerada una cornalina. Se cree que Mahoma usó un anillo de plata con un sello de cornalina. Los musulmanes todavía creen que están cerca de Dios cuando usan dicho sello.

Se creía que las cornalinas daban valor y permitían a la gente hablar con voz fuerte y clara. Aún son usadas para disminuir la ansiedad y el miedo, además de promover la confianza y autoestima. Esta piedra estabiliza las emociones, aumenta el amor entre miembros de la familia y estimula el pensamiento claro. También permite enfocarnos en el momento presente, en lugar de vivir en el pasado o futuro.

Zafiro amarillo

El zafiro se consigue en diversos matices, que oscilan entre el incoloro y el negro. Desde los antiguos tiempos egipcios, ha sido usado para remover cuerpos extraños del ojo, y ayudar a tratar enfermedades oculares.

Se cree que tiene una estrecha relación con el mundo espiritual. El escritor medieval Bartolomeo Anglico escribió: "también las brujas aman esta piedra, porque afirman que pueden hacer ciertas maravillas en virtud de ella".[11]

Piedras tradicionales de Rafael

Rafael es asociado con el cuarzo claro y el diamante.

Cuarzo

El cuarzo es un cristal muy abundante que se encuentra en todo el mundo. Siempre ha sido asociado con visiones y sueños. Hace 2.500 años, el sacerdote griego Onomacritis observó: "quien entre al templo con esto (cuarzo) en su mano, puede estar seguro de ver cumplida la oración, pues los dioses no pueden resistirse a su poder".[12] Los antiguos griegos creían que el cuarzo era hielo petrificado, y esta creencia persistió hasta al menos el siglo XI. El cuarzo siempre se ha relacionado con la curación, y ha sido usado para detener el sangrado y controlar la disentería. También brinda protección contra animales peligrosos, ahogamiento, incendios e incluso robos. Camilo Leonardo, médico italiano del siglo XVI, escribió: "el cristal (cuarzo) colgado cerca de quienes están dormidos, no deja fluir los malos sueños; disuelve hechizos; tenido en la boca, mitiga la sed; y cuando es frotado con miel, llena de leche el seno".

Actualmente, el cuarzo es usado para propósito de purificación, y para aumentar y amplificar la energía psíquica. También puede ser programado con pensamientos curativos, de tal forma que esta energía sea transmitida a otros.

Diamante

Los diamantes no fueron apreciados hasta el siglo IV a. C., cuando grabadores indios reconocieron sus cualidades especiales. Hay varias alusiones bíblicas a los diamantes que preceden este tiempo, pero eso se debe a que el término "diamante" viene de la palabra griega adamas, que significa "dureza extrema". Por consiguiente, cualquier piedra dura era llamada diamante.

Debido a su extrema dureza, el diamante siempre ha sido considerado invencible, y por lo tanto tiene el poder de curar cualquier enfermedad. Santa Hildegarda (1098–1179) afirmaba que si se cogía un diamante en una mano, mientras la otra hacía la señal de la cruz sobre él, sus poderes curativos se multiplicaban. Marco Polo decía que la dureza de esta piedra aseguraba que fuera desviada la mala suerte y todos los peligros. Sin embargo, había una convicción general de que las cualidades talismánicas se perdían si el diamante era comprado; tenía que ser recibido a manera de obsequio para que funcionara como talismán.

Cómo dedicar el cristal a Rafael

Podemos dedicar nuestro cristal a Rafael de diversas formas. El método más sencillo es sostenerlo en la palma de la mano izquierda, que descansa sobre la palma derecha, y hablar con él. Dígale al cristal que quiere usarlo para establecer una relación estrecha permanente con Rafael, y que planea llenarlo con energía positiva para hacer realidad eso. Dígale todo lo que se le ocurra, y luego espere una respuesta. Tal vez tenga una sensación en su palma izquierda mientras el cristal responde. Podría oír una voz suave diciéndole que todo está bajo control, o simplemente experimentar la sensación de saber, o un arrollador sentimiento de amor.

Un método más complicado es coger de nuevo el cristal en la mano izquierda mientras se sienta cómodamente y relaja su cuerpo. Cierre los ojos y visualice el cristal en su mente. Imagínelo haciéndose cada vez más grande, hasta que sienta que puede caminar dentro de él. Visualícese totalmente rodeado por su enorme cristal. Disfrute las sensaciones de seguridad y confort que experimenta dentro de él. Háblele, y sienta su voz resonando dentro de la gran cámara, mientras le dice que piensa dedicarlo a Rafael. Espere que el cristal responda; él estará encantado de hacer este papel por usted, y recibirá una reacción positiva. Hable con el cristal todo el tiempo que quiera, luego salga de él y déjelo que se encoja a su tamaño normal.

Una vez que dedique el cristal, podrá usarlo para hacer contacto con Rafael regularmente. Debería cogerlo cuando se comunique con el arcángel. Cójalo cada vez que ore o diga afirmaciones. Si le escribe cartas a Rafael, póngalas debajo del cristal durante la noche, seguro de que él las recibirá. Es buena idea cargar o usar el cristal, para que cada vez que sienta la necesidad de alivio o apoyo de Rafael, todo lo que necesite sea tocarlo.

Radiestesia con un cristal

La mayoría de gente asocia la radiestesia con adivinación para ubicar la existencia de agua, pero esto es sólo una parte de lo que puede hacer; es posible adivinar la localización de oro, petróleo, objetos perdidos o artículos robados. Además, se puede usar para otros propósitos, tales como probar la pureza de los alimentos, o determinar qué película ver el sábado en la noche. También podemos practicar este método para obtener consejos y ayuda de los reinos angélicos.

Primero que todo, necesitará un péndulo de cristal. Puede comprarlo en tiendas esotéricas y de la Nueva Era, además de muchas tiendas de objetos de regalo. Un péndulo es un pequeño peso atado a un hilo o cadena. Cuando encuentre uno que le atraiga, cójalo del hilo con el dedo pulgar y el índice de su mano dominante. Es conveniente que apoye el codo de ese brazo sobre una mesa y deje que el péndulo se balancee de un lado a otro, aproximadamente a una pulgada de la superficie de la mesa.

Detenga los movimientos del péndulo con la mano libre, y luego pregúntele cuál movimiento indica "sí". Hay cuatro posibilidades: el péndulo se moverá de lado a lado, perpendicular a usted, o en forma circular, en el sentido de las manecillas del reloj o al contrario. Cuando haya determinado la respuesta "sí", pida una respuesta "no". Siga esto preguntando para las respuestas "no sé" y "no quiero responder".

Practique haciendo preguntas al péndulo de las cuales ya sabe las respuestas. Podría empezar preguntando si su nombre es el que dice; el péndulo debería responder con un "sí". Luego pregunte si usted tiene, digamos, treinta años de edad; si esta es su edad actual, el péndulo debe responder "sí". Obviamente, en caso contrario, debería dar una respuesta negativa.

Una vez que haya probado el péndulo y esté recibiendo respuestas correctas todo el tiempo, hágale algunas preguntas para las que no sabe las respuestas, pero que puede confirmar. Por ejemplo, podría preguntarle si su pareja se encuentra en el supermercado. Anote la respuesta que el péndulo le dé, y luego confírmela con su pareja cuando llegue a casa. Si él o ella tienen teléfono celular, puede verificar inmediatamente lo que el péndulo le dice. Podría preguntar por varios sitios, hasta que el péndulo le confirme que su pareja está en un determinado lugar, y luego llamarla para verificar.

Una vez que al péndulo se le haya probado su valía, puede empezar a usarlo para contactar a Rafael. Comience sentándose en su espacio sagrado y pasando unos minutos en meditación silenciosa, relajando la mente y el cuerpo. Cuando se sienta listo, coja el péndulo y dígale que quiere usarlo para comunicarse con Rafael. ¿Está el péndulo gustoso de ser utilizado de esta forma? El péndulo debería dar una respuesta positiva. Pídale a Rafael que se haga presente. Si ha hecho varios de los ejercicios anteriores, quizás sabrá cuándo ha llegado el arcángel, pero de todos modos el péndulo lo pondrá sobre aviso, dando una respuesta positiva. Ahora puede hacerle a Rafael preguntas que pueden ser contestadas por las cuatro respuestas posibles. Puede preguntarle cualquier cosa; hable de sus esperanzas y sueños, y pregúntele cómo puede alcanzarlos. Cuando termine, agradézcale a Rafael toda su ayuda, y luego diga "adiós". El péndulo dará una respuesta positiva. Piense en la comunicación que acaba de tener con el arcángel durante uno o dos minutos, antes de levantarse.

Tal vez se pregunte por qué alguien buscaría respuestas de Rafael con un péndulo, cuando podría simplemente hacerle las preguntas usando uno de los métodos que ya vimos. Todos somos diferentes, y algunas personas obtienen mejores resultados adivinando las respuestas de esta forma, que empleando cualquiera de los otros procedimientos.

Es buena idea experimentar con diversos métodos. Tal vez descubra que uno funciona bien en una ocasión, mientras otro le atrae más en un caso distinto. Cuando estaba capacitándome para ser hipnoterapeuta, nos enseñaron muchos métodos para hipnotizar las personas. Esto se hacía para evitar que sólo pudiéramos hipnotizar con un método. Después de todo, los clientes que íbamos a tratar eran diferentes, y un método que funcionara bien para uno, podría no ser tan exitoso en otra ocasión o con otro cliente. Lo mismo se aplica al contacto angélico. Debemos descubrir uno o dos métodos que disfrutemos más que los otros, pero también es bueno saber emplear otros métodos de vez en cuando.

Los cristales tienen muchos propósitos. Podemos usarlos como amuletos para mantener a Rafael cerca a todo momento. Con la ayuda de este arcángel, también se pueden emplear para curarnos a nosotros mismos y a otras personas. Los cristales juegan además un papel importante en la curación con chakras. Éstos son ruedas de energía giratorias dentro de nuestra aura. En el capítulo siguiente veremos el rol de Rafael al mantener nuestros chakras en buena forma.

Nueve

RAFAEL
Y LOS CHAKRAS

ESTAMOS rodeados por una burbuja ovoidea conocida como aura. Esta es una extensión del cuerpo físico, y se expande y contrae dependiendo de diversas circunstancias, tales como nuestro actual grado de energía, entusiasmo y salud. Aunque la mayoría de gente no puede verla, el aura brilla con todos los colores del arco iris. Hay muchos libros disponibles que enseñan el arte de ver y leer auras.[1]

Dentro del aura hay siete centros espirituales, llenos de energía, llamados chakras. Cinco de ellos están alineados a lo largo de la columna vertebral, y los otros dos se localizan en la cabeza. La palabra chakra viene del sánscrito y significa "rueda". Los chakras recibieron este nombre porque usualmente son vistos como orbes de energía giratoria. Cada chakra es asociado con un color específico. En cierto sentido, pueden ser vistos como una escalera espiritual que conduce a la iluminación.

Idealmente, cada chakra está bien equilibrado y funcionando eficazmente. Sin embargo, en realidad, los problemas emocionales y el estrés frecuentemente causan desequilibrios en estos centros energéticos que luego se reflejan en el cuerpo físico.

Chakra raíz

Color: Rojo

Arcángel: Sandalphon

Cristales: Restañasangre, granate rojo, jaspe, rubí

El chakra raíz, o base, está ubicado en la base de la columna vertebral y tiene que ver con la supervivencia, propia conservación, vitalidad y fuerza. Cuando este chakra está equilibrado, la persona se siente centrada y en control de todos los aspectos de su vida. Bloqueos en él vuelven a la persona agresiva y testaruda.

Chakra sacro

Color: Naranja

Arcángel: Chamuel

Cristales: Ámbar, cornalina, piedra de la Luna, calcita anaranjada, topacio

El chakra sacro está situado entre el ombligo y los genitales. Tiene que ver con la creatividad, seguridad y la vida sexual de la persona. Cuando está equilibrado, la persona se siente positiva, optimista y sintonizada con sus sentimientos; también se interesará por la felicidad y el bienestar de otros. Bloqueos en este chakra pueden causar frialdad y la sensación de estar totalmente solo.

Chakra solar

Color: Amarillo
Arcángel: Uriel
Cristales: Citrino, ojo de gato, jaspe amarillo

El chakra solar se encuentra a una pulgada por encima del ombligo. Tiene que ver con la lógica, el intelecto y las metas. Cuando está equilibrado, la persona es extrovertida, simpática, relajada y generosa. Bloqueos en este centro energético pueden conducir a problemas mentales.

Chakra del corazón

Color: Verde
Arcángel: Rafael
Cristales: Venturina, esmeralda, jade, kunzita

Este chakra se encuentra en el centro del pecho, en el área del corazón. Tiene que ver con la compasión, aceptación, relaciones y amor; esto incluye amor físico y amor incondicional por la humanidad. Cuando está equilibrado, la persona es compasiva, amable, y se encuentra en contacto con sus sentimientos. No es extraño que los bloqueos en este chakra le hagan difícil a la persona expresar sus sentimientos.

Chakra de la garganta

Color: Azul
Arcángel: Miguel
Cristales: Aguamarina, crisocola, lapislázuli, turquesa

Este chakra se localiza en la garganta, y tiene que ver con la expresión de la personalidad propia, la creatividad, la verdad y la comunicación, especialmente la verbal. Cuando está equilibrado, la persona es alegre, creativa, inspirada y espiritual. Bloqueos en este centro energético hacen que la persona se torne inflexible y controladora.

Chakra de la frente

Color: Índigo
Arcángel: Gabriel
Cristales: Amatista, calcita azul, lapislázuli, turquesa

Este chakra se sitúa entre las cejas, y tiene que ver con la visión interior, conocimiento, sabiduría, intuición y amor propio. Cuando está equilibrado, la persona no se apega a las posesiones, no tiene miedo de morir, y se interesa por desarrollarse clarividente y espiritualmente. Bloqueos en este chakra hacen que la persona deambule sin dirección a través de la vida.

Chakra de la corona

Color: Violeta
Arcángel: Zadkiel
Cristales: Amatista, caroita, cuarzo claro, selenita

Este chakra se sitúa justo encima de la coronilla. Tiene que ver con la iluminación, entendimiento y espiritualidad. Nos abre a la energía divina. Aquí son representadas las cualidades humanas más elevadas, tales como la compasión, devoción, sacrificio y bondad. Bloqueos en este chakra causan sentimientos de aislamiento y pérdida de fe.

Equilibrar los chakras

Podemos usar el péndulo para evaluar el estado de nuestros chakras. Pregúntele al péndulo si su chakra raíz está equilibrado. Luego pregunte por cada uno de los otros chakras. Si todos están en equilibrio, recibirá siete mensajes positivos del péndulo, y podrá detenerse en este momento. Sin embargo, si uno o más de los chakras están desequilibrados, deberá armonizarlos. Puede hacer esto de diversas formas.

Un método efectivo es cerrar los ojos y aspirar cantidades del color que se relacione con el chakra desbalanceado. Visualice el color entrando a su cuerpo y arremolinándose en el área del chakra. Después de visualizar esto uno o dos minutos, examine de nuevo el chakra con su péndulo. Repita esto las veces que sea necesario hasta que el péndulo le dé una respuesta positiva.

Otro método es acostarse y pedirle a Rafael que se haga presente. Ponga un cristal que se relacione con el chakra específico sobre el centro energético desequilibrado, y déjelo ahí varios minutos mientras habla lo que quiera con Rafael. Luego pídale al arcángel que bendiga el cristal. Cargue éste el resto del día y tóquelo todo lo posible.

Puede energizar y armonizar todos los chakras realizando la meditación del arco iris del capítulo 6. Concéntrese en cada centro energético mientras se baña en los diferentes colores.

Después de haber hecho esto, es buena idea retroceder en el arco iris, cerrando lentamente cada chakra. La razón para esto es que cuando todos los chakras son dejados estimulados y abiertos, quedará vulnerable a la interferencia externa.

De este modo no está cerrándolos herméticamente; simplemente está amortiguándolos para que queden armonizados y equilibrados. Podría retroceder a través del arco iris y verse apagando algunas de las luces, de tal forma que los colores no estén tan vivos o intensos. Tal vez prefiera imaginar que está cerrando puertas parcialmente o bajando persianas. No hace diferencia lo que escoja hacer, siempre que sienta que está amortiguando cada chakra.

Ocasionalmente, se encontrará en una situación en la que necesita cerrar rápidamente los chakras. Podría hacer esto si la situación es sumamente estresante o negativa. En una emergencia de este tipo, atraviese rápidamente los colores del arco iris, comenzando con el violeta, y dígase a sí mismo "cerrado" mientras visualiza el color. Haciendo esto podrá cerrar los chakras en cuestión de segundos. No obstante, recuerde energizarlos de nuevo lo más pronto posible, avanzando lentamente a través del arco iris.

El chakra del corazón

Debido a que Rafael es el arcángel de la curación, estará feliz de trabajar con nosotros para equilibrar todos nuestros chakras. Sin embargo, el chakra con el que se asocia específicamente es el chakra del corazón.

Probablemente ha experimentado sensaciones de amor arrolladoras en este chakra en momentos de gran emoción. Este es un sentimiento cálido y expansivo que llena de amor la parte superior del pecho. En estas ocasiones el chakra del corazón se abre completamente. Estoy seguro de que puede recordar muchos momentos en que esto ocurrió. Yo recuerdo experimentarlo cuando observé a mi hijo menor sobre el escenario en una obra escolar cuando tenía siete años de edad. Ver a mi nieta por primera vez minutos después de haber nacido, fue otra ocasión en que sucedió lo mismo. Estos son los primeros pensamientos que me llegan a la mente cuando pienso en las respuestas espontáneas del chakra del corazón.

Este chakra es sumamente vulnerable a los aspectos positivos y negativos del amor. Desafortunadamente, muchas personas cierran el chakra del corazón cuando son defraudados o heridos profundamente en una relación. Se dicen a sí mismas que nunca permitirán que alguien les haga lo mismo de nuevo, y aseguran que esto no pase cerrando el chakra. Lo mismo ocurre cuando alguien sufre una tragedia, pero no se da el tiempo suficiente para atravesar el proceso de dolor. De este modo, la persona se vuelve insensible y vacía por dentro.

Los problemas emocionales relacionados con el chakra del corazón son más comunes en las mujeres que en los hombres. Esto puede ser explicado con los chakras. Los órganos sexuales masculinos están situados en el chakra raíz, y esta energía puede ser dirigida fácilmente al tercer chakra, que es el asiento del poder personal. Los órganos sexuales femeninos se ubican en el chakra sacro, y esta energía es dirigida naturalmente al chakra del corazón, el asiento del amor universal.

El chakra del corazón está estrechamente asociado con el chakra de la corona. Este tiene que ver con la conciencia universal y el amor divino, mientras el chakra del corazón es el centro del amor, compasión, afecto, alegría y otras emociones humanas más elevadas. Cuando trabajamos en desarrollar las cualidades de este centro energético, también desarrollamos las cualidades de amor divino e iluminación del chakra de la corona.

Esto es beneficioso por varias razones. En la mayoría de personas los tres chakras inferiores están razonablemente desarrollados. Éstos se relacionan con la supervivencia, el impulso sexual y la fuerza de voluntad. Los chakras mentales (garganta y frente) también están activos en mucha gente, pues actualmente se le da énfasis al desarrollo intelectual. Desafortunadamente, esto significa que los chakras del corazón y la corona tienden a ser descuidados. Un buen ejemplo de esto es alguien bien educado pero inmaduro emocionalmente.

Hace algunos años trabajé con un hombre que era muy calificado en su profesión, pero había tenido una serie de relaciones desastrosas. Solicitó mi ayuda porque sin intención había reaccionado físicamente durante una discusión con su novia, y estaba preocupado porque si sucedía de nuevo, podría causar un daño grave. En su caso, el chakra solar estaba demasiado desarrollado a costa del chakra del corazón.

Naturalmente, quien sea consciente de que tiene subdesarrollado el chakra del corazón, debería pedirle ayuda a Rafael. Él quiere que seamos personas íntegras en todos los aspectos. Esto es imposible cuando el chakra del corazón está bloqueado.

Evaluación del chakra del corazón

Siéntese cómodamente y cierre los ojos. Concéntrese en su respiración durante uno o dos minutos, y luego dirija la atención al área del corazón. Enfóquese en el chakra del corazón, y determine qué tan abierto se encuentra. Este centro energético es sumamente activo, y podría encontrar que está completamente abierto. En tal caso, tal vez necesite mermarle el ritmo ligeramente. Concéntrese en esto, y deténgase cuando el chakra alcance la velocidad que sienta apropiada para usted.

Como alternativa el chakra del corazón puede ser cerrado, y en tal caso debe abrirlo lentamente hasta que lo sienta cómodo.

Ahora entre al chakra mismo; tome su tiempo para hacerlo. Si esto parece demasiado emocional o fuerte, retroceda y pídale a Rafael que lo ayude. Espere hasta que él llegue e inténtelo de nuevo. Cuando esté dentro del chakra, piense en el amor en su vida, y vea qué respuestas le da el chakra del corazón. Repita la palabra "amor" varias veces, y observe qué sentimientos crea dentro del centro energético.

Deje que el chakra se llene de energía verde, y experimente los sentimientos de amor total, perfecto e incondicional. Permita que estos sentimientos gradualmente lleguen a cada parte de su cuerpo. Tome notas de las ideas o percepciones que surjan mientras esto sucede.

Ahora es tiempo de salir del chakra del corazón. Enfóquese en el color verde dentro del chakra, y deje que se torne un poco más apagado. Esto es para cerrar parcialmente el centro energético después del estímulo que este ejercicio ha generado. Si Rafael lo ayudó en el proceso, agradézcale ahora, pues la evaluación está completa.

Enfóquese en el chakra raíz, e imagínelo conectado con el suelo por medio de un tubo de energía invisible. Siéntase en conexión con la tierra a través de este tubo. Cuando se sienta listo, abra los ojos.

Reactivación del chakra del corazón

Jesús dijo: "Un mandamiento nuevo os doy: que os améis unos a otros; y que del modo que yo os he amado a vosotros, que también os améis unos a otros" (Juan 13:34). Muchas personas llevan una vida triste, solitaria y sin amor porque tienen bloqueado el chakra del corazón. Este chakra puede ser reactivado, sin importar qué tanto tiempo ha estado cerrado. No obstante, la persona debe reconocer que tiene el problema, y también tener un deseo sincero de cambiar. Es un proceso de diez pasos.

1. Empiece haciendo un ejercicio fuerte. Esto no sólo es bueno para el cuerpo físico, pues también energiza toda el aura. No hace diferencia cuál ejercicio realice, pero al final del mismo debería quedar un poco jadeante. Esto aumentará su ritmo cardiaco temporalmente.

2. Asegúrese de que no sea interrumpido en treinta minutos. Acuéstese y póngase cómodo. Tome varias respiraciones profundas y relájese todo lo posible.

3. Avance a través del arco iris, concentrándose en cada chakra mientras pasa por los colores.

4. Una vez que salga al otro lado del arco iris, visualícese en el escenario más hermoso y tranquilo que pueda imaginar. Pase todo el tiempo que quiera disfrutando las agradables vistas, sonidos y olores de este lugar mágico.

5. Cuando se sienta listo, levante la mirada y observe el bello cielo azul claro, y en su imaginación, visualice a Rafael mirándolo con una sonrisa agradable pero inquieta. Él sabe por qué usted está realizando esta meditación, y se encuentra preparado y dispuesto a ayudar. Mientras lo mira, observe que tiene una

pequeña bola verde. Rafael la tira de mano a mano mientras lo mira a usted; luego la lanza al aire, y ahora esta hermosa bola de color verde esmeralda está cayendo hacia usted.

6. La bola se dirige lentamente hacia usted. Instintivamente sabe que no debe cogerla, y observa cómo ella flota en el aire cerca de su corazón, y luego desaparece dentro de su cuerpo.

7. Puede sentir el calor de la bola verde mientras masajea y estimula suavemente el chakra del corazón. Siente una actividad en su corazón, y una arrolladora sensación de amor y paz lo invade.

8. Acuéstese en este lugar bello y tranquilo todo el tiempo que quiera, disfrutando los alegres efectos de la energía verde mientras transforma y revitaliza el chakra del corazón, y luego transmite amor por todo su cuerpo. Usted mira a Rafael y observa que está sonriendo, pero la inquietud se ha ido de su cara. Él ríe y le hace señales con la mano. Usted ríe y hace lo mismo, y observa cómo el arcángel desaparece de la vista lentamente.

9. Levántese, estírese y retroceda en el arco iris, apagando una o dos luces en cada color mientras pasa.

10. Recupere la conciencia de sí mismo, acostado en su espacio cómodo. Piense en la experiencia y sienta el cambio en el área del corazón. Abra los ojos, estírese y levántese. Durante unos minutos reúna sus ideas y piense en lo que sucedió, antes de continuar con su día.

Algunas personas encuentran que esta meditación es muy emocional. Es importante dejar salir la emoción; tal vez ha estado bloqueada mucho tiempo, y restaurar el chakra del corazón es como abrir una presa que ha retenido una cantidad enorme de dolor y emoción. Por consiguiente, puede llorar, gritar o golpear una almohada antes de sentir que toda la emoción reprimida ha sido liberada. Cuando haya hecho esto, disfrute un baño o ducha antes de continuar con su día.

Cómo expresar amor universal todo el tiempo

El estado del chakra del corazón afecta cada aspecto de su actitud hacia el amor. Cuando este chakra esté equilibrado, podrá dar y recibir amor fácilmente. Quienes lo conozcan sabrán subliminalmente que usted es una persona bondadosa y amorosa que quiere el bienestar de todos en el corazón. Sea o no consciente de ello, cuando el chakra del corazón está equilibrado, usted expresa amor universal. Cuando se encuentra en dicho estado, atrae naturalmente a otras personas. También es centrado, seguro de sí mismo y tranquilo; tiene amor propio y buena autoestima, ama a los demás y a la vida; las cosas pequeñas no lo perturban; se enfoca en lo que es importante e ignora los aspectos insignificantes de la vida que otras personas retienen. Otro efecto secundario beneficioso es que este chakra equilibrado lo hará parecer más atractivo frente a los demás.

Imagine cómo sería el mundo si todos tuviéramos el chakra del corazón sano y equilibrado. Finalmente habría paz y armonía en el mundo. Teilhard de Chardin (1881–1955), el filósofo y sacerdote jesuita francés, tal vez estaba pensando en esto cuando escribió:

Algún día, después de que hayamos dominado
los vientos, las olas, la marea
y la gravedad, emplearemos para Dios
las energías del amor.
Entonces, por segunda vez en la historia
del mundo, el hombre habrá descubierto el fuego.[2]

Teilhard de Chardin creía que el amor era la fuerza misteriosa que conecta todos los elementos del mundo.

Con la ayuda de Rafael, podrá tener equilibrado el chakra
del corazón todo el tiempo. En una de sus meditaciones con
Rafael, pídale que lo ayude a lograr este objetivo, para que
pueda hacer una diferencia en el mundo. Él estará feliz de ayudarlo y le dará sugerencias respecto a cómo alcanzar su meta.
Desarrolle la meditación del arco iris frecuentemente y cada
vez deténgase un rato debajo de los rayos verdes para que su
cuerpo absorba toda la energía beneficiosa y curativa posible.

De niño asistía a una escuela eclesiástica. Al menos una vez
cada semestre, el prefecto principal nos leía en la capilla las
famosas palabras de San Pablo a los corintios: "Si hablo en las
lenguas de los hombres y de los ángeles, pero no tengo amor,
vengo a ser un gongo que resuena o un címbalo estruendoso"
(1 Corintios 13:1). La lectura siempre finalizaba con: "Y ahora
permanecen la fe, la esperanza y el amor, estos tres; pero el
mayor de ellos es el amor" (1 Corintios 13:13).[3]

Dar y recibir amor con el chakra del corazón

Esta es una versión moderna de un antiguo ritual ideado por Atisa (982–1054), un reformador, escritor y maestro budista indio. Ponga dos sillas de respaldo recto separadas una yarda, mirándose entre sí. Siéntese en una de ellas y cierre los ojos. Deje que sus brazos cuelguen libremente a los lados.

Imagine que Rafael está sentado en la otra silla, mirándolo. Inhale profundamente, absorbiendo la energía de Rafael mientras lo hace. Visualice el amor de este arcángel girando en el área del chakra del corazón. Sostenga la respiración unos momentos y luego exhale. Esta vez visualícese enviándole amor a Rafael.

Haga esto una vez, y luego quédese sentado tranquilamente por al menos sesenta segundos. Perciba lo que está sucediendo en su cuerpo, y tome nota de las ideas que se le ocurran.

Repita el ejercicio, aspirando profundamente y absorbiendo toda la energía de Rafael posible. Sostenga la respiración y exhale lentamente, enviando su amor a Rafael.

De nuevo, quédese tranquilo al menos sesenta segundos, y observe lo que ocurre en su mente y cuerpo. Si lo desea, puede finalizar el ritual en este punto. Sin embargo, hay dos etapas adicionales que encontrará útiles en la vida cotidiana. Las tres etapas pueden ser hechas por separado, pero yo las practico juntas.

En su imaginación, vea que Rafael se ha parado y ahora se encuentra a su derecha. Visualice a alguien importante para usted tomando el lugar en la silla. Podría ser su pareja, un pariente, amigo, compañero de trabajo, e incluso alguien que no le cae bien.

Visualice esa persona con la mayor claridad posible. Tome una respiración profunda, absorbiendo la energía de esa persona mientras lo hace. Deje que esta energía se arremoline en el área del corazón. Sostenga la respiración por unos segundos, y luego exhale, enviando amor a la persona.

Quédese tranquilo al menos sesenta segundos, y observe sus pensamientos y lo que sucede dentro de su cuerpo. Repita el ejercicio y vea lo que se le ocurre. (Este procedimiento es muy útil para desarrollar relaciones más cercanas con todos en su vida. Experimente con personas a quienes ama, además de aquellas por las que siente antipatía, y experimente las diferentes energías dentro del chakra del corazón).

La tercera y última etapa es transmitir amor universal al mundo. Imagine que la silla frente a usted ha desaparecido, y que se encuentra en la cima de una montaña mirando el mundo entero. Observe lo hermoso que luce. Rafael aún está a su lado, y apoya una mano sobre su hombro. Inhale profundamente, absorbiendo energía de la tierra misma. Reténgala, y luego envíe en cambio amor universal. Haga una pausa de sesenta segundos y luego repita. (Si lo desea, puede repetir esta etapa, enviando amor a todas las cosas vivientes).

Cuando haya finalizado, agradezca a Rafael por su ayuda y apoyo, abra los ojos, y estírese o muévase alrededor durante unos minutos antes de hacer alguna otra cosa.

Orar con el chakra del corazón

En el sermón de la Montaña, Jesús exhorta a la gente a "buscar primero el reino de Dios . . . y todas las cosas les serán añadidas" (Mateo 6:33). Una pregunta lógica podría ser: "¿dónde está el reino de Dios?". Si hace una pausa y piensa en esta pregunta, probablemente llegará a la conclusión de que en realidad se encuentra en su propio corazón. El corazón es considerado la morada de Dios en muchas sociedades. Las personas hacen juramentos poniendo una mano sobre el corazón, porque simboliza verdad, honestidad y amor. En China, el corazón es llamado "señor y maestro de la casa".[4]

Sus oraciones serán más efectivas una vez que las deje fluir del chakra del corazón. Antes de empezar a rezar, pase unos minutos enviando energía verde al chakra del corazón, y visualícela expandiéndose y creciendo. Luego diga sus oraciones, pero imagínelas siendo transmitidas a la fuerza vital universal desde el chakra del corazón. Es probable que al principio encuentre que esta es una sensación extraña y posiblemente incómoda. Sin embargo, una vez que se acostumbre a ella, descubrirá que es una forma de orar natural y muy efectiva.

También puede usar el chakra del corazón para aumentar su creatividad. En el siguiente capítulo verá cómo hacer esto.

Diez

RAFAEL
Y LA CREATIVIDAD

LA creatividad es la capacidad de darle existencia a algo nuevo. Cada vez que sugerimos la solución a un problema, o producimos algo, estamos usando nuestra creatividad natural. Cuando cantamos o tocamos un instrumento musical, estamos creando música. Cuando relatamos a alguien una película que hemos visto, estamos formando imágenes en su mente. Creamos algo nuevo cada vez que trabajamos en el jardín, tomamos una fotografía o hacemos una comida. Somos creativos cada vez que tenemos un pensamiento. En realidad, creamos nuestra propia vida diariamente; nuestro poder para crear es ilimitado.

Aunque esta es una facultad natural que todos poseemos, muchas personas me dicen que no son creativas. Sin embargo, este no es el caso, ya que todos tenemos entre cincuenta mil y sesenta mil pensamientos al día. Esto significa que toda persona es muy creativa. Todos los seres humanos tenemos imaginación, y usándola creativamente, podemos generar lo que queramos en la mente. Esta imagen mental es la primera etapa de la creación. Nada sucedería a menos que alguien pensara en ello primero. Todo objeto artificial fue el resultado de la creatividad de alguien, y usualmente la solución a un problema o dificultad. Los inventores son personas muy creativas que piensan en los problemas y sugieren soluciones.

Desde luego, algunas personas son más creativas que otras, e incluso las personas con gran creatividad se diferencian enormemente. Dos de mis amigos son escritores; uno es periodista y reporta hechos, el otro escribe novelas románticas, o sea que usa su imaginación para crear sus personajes y argumentos. Ambos se ganan la vida con las palabras que producen. ¿Son ellos igualmente creativos, o la escritora de ficción más porque inventa su material? Es imposible responder esta pregunta. No obstante, creo que tienen igual potencial creativo, pero lo utilizan de diferente manera.

La inteligencia parece tener poca relación respecto a qué tan creativo será alguien. Una persona con alto cociente intelectual, pero poca imaginación, puede ser sumamente analítica y brillante en su campo, pero es improbable que demuestre una gran creatividad. A la inversa, alguien con un cociente intelectual más bajo, pero con una mente que cuestiona todo, puede ser bastante creativo. Las personas altamente creativas a menudo son poco convencionales, y esto les da un estilo de vida un poco diferente, lo cual estimula la creatividad.

Sin embargo, la creatividad puede ser desarrollada. Después de todo, si tenemos hasta sesenta mil pensamientos al día, se nos facilita producir algunas ideas creativas.

Aun más importante, nuestro propósito en la vida es crear. Una vez que conocemos este propósito, es expresado por nuestra naturaleza creativa innata. Un escultor, por ejemplo, tiene que esculpir; es su propósito en la vida. Si de repente se gana un millón de dólares, no dejaría de trabajar, sino que seguiría creando. Un amigo mío se volvió multimillonario por su trabajo de escritor; escribe novelas de suspenso y acción que vende alrededor del mundo. Aunque siempre ha encontrado que escribir es una gran lucha, continúa haciendo sus libros porque ese es su propósito en la vida. Podría retirarse mañana, pero eso no le daría alegría ni satisfacción, pues desaparecería el significado de su existencia.

Desde luego, todo esto se hace mucho más fácil cuando descubrimos nuestro propósito. Una vez que hallamos lo que nos gusta, podemos seguirlo con pasión. Si todavía no ha descubierto su propósito, pídale a Rafael que le ayude a encontrarlo.

Tome su tiempo para hacer esto. Podría tener un repentino flujo de inspiración en el que el propósito de su vida es revelado, pero es más probable que llegue como un conocimiento gradual de que cierta actividad es la que está destinado a hacer aquí. Empiece evaluando todas las cosas que disfruta hacer. Piense en sus talentos naturales. Sueñe despierto en diversas cosas que le gustaría hacer si no hubiera problemas de tiempo y dinero. Dígale a Rafael que necesita encontrar su propósito, porque quiere hacer una diferencia y labrarse una vida magnífica. Sea paciente, y evalúe bien las ideas que le lleguen.

Rafael está profundamente involucrado en la creatividad, y se sentirá feliz de ayudarlo a desarrollar más su lado creativo.

Si tiene un problema y no ha podido generar una solución, debería pedirle consejos a Rafael; su respuesta le dará sugerencias acerca de la mejor forma de manejar la situación.

La creatividad es una de las más grandes alegrías de la vida. El proceso de crear algo es lo importante. Por consiguiente, no debemos preocuparnos de que no sea bueno lo que creamos; no tiene que ser perfecto. Un artista principiante que aún está aprendiendo a pintar, puede divertirse más con su creatividad que un artista profesional. La creatividad es algo que debe brindar gran placer y satisfacción.

Ejercicios de creatividad

Hay muchos ejercicios diseñados para aumentar la creatividad. Un método que encuentro útil es hallar tres sustantivos al azar en un diccionario. Hago esto abriendo el diccionario en cualquier página y escogiendo el primer sustantivo que veo. Luego hago lo mismo dos veces más para obtener las otras palabras. Después escribo uno o dos párrafos que incorporen los tres sustantivos. A veces lo hago más difícil decidiendo que el párrafo comience con una de las palabras que escogí.

También se puede hacer este ejercicio escogiendo deliberadamente tres palabras que se relacionen con una situación específica. Esta es una forma efectiva de solucionar un problema. Por ejemplo, si tenemos dificultades con el jefe en el trabajo, podríamos usar las palabras: jefe, desacuerdos y estrés. Usando estas tres palabras en uno o dos párrafos, es posible hallar una solución creativa para el problema.

Un escritor amigo mío estaba experimentando un período en que las palabras no fluían. Le sugerí que hiciera este ejercicio usando palabras relacionadas con la novela que estaba escribiendo. Para su asombro, una vez que hizo el párrafo, pudo seguir creando su historia. Este ejercicio energizó su creatividad latente, y eliminó totalmente el bloqueo.

Mandalas

Los mandalas son una ayuda oriental para la meditación. Debido a que representan el mundo en el momento en que la persona los crea, a veces son usados como herramientas terapéuticas. Todo lo que se necesita es papel y lápices o lapiceros de color.

Empiece trazando una figura que le agrade. La mayoría de mandalas son circulares, pero puede hacer la forma que prefiera. Carl Jung estudió los mandalas durante muchos años, y consideraba que un círculo simbolizaba el cosmos en conjunto, mientras un cuadrado representaba un universo concebido por el hombre. A propósito, él creía que los mandalas representaban la divinidad encarnada en el hombre.[1]

Escoja uno de los lápices de color y dibuje algo dentro de la figura, o pinte parte de ella. Cambie de color las veces que quiera, y hágalo hasta que se sienta que debe detenerse.

Naturalmente, este es un ejercicio creativo porque está creando un dibujo. Sin embargo, cuando mire su mandala después, es probable que también tenga percepciones respecto a lo que está ocurriendo en su vida. Puede ser una práctica útil hacer un mandala cada día durante un período de semanas o meses, y luego volver a mirarlos. Revelarán lo que sucedió en su vida interior en ese tiempo.

Puede llevar esto un paso más adelante invitando a Rafael y luego creando un mandala en su presencia. Compare este mandala con los que creó solo, y vea qué diferencia hizo la presencia del arcángel.

También puede construir mandalas mientras piensa en algo que sucede en su vida. Si está tratando de encontrar su propósito en la vida, por ejemplo, piense en esto mientras dibuja un mandala. La mente subconsciente le dará información útil que no descubrirá hasta que examine el mandala después.

Un conocido mío hizo esto mientras atravesaba dificultades en su relación. Quedó alarmado de la ira que vio en sus mandalas, pero examinarlos también le dio el conocimiento que necesitaba para resolver la situación.

Explorar lo desconocido

Una forma muy efectiva de desarrollar la creatividad es hacer deliberadamente algo que no hemos considerado antes. Uno de mis estudiantes es ahora cocinero de comida fina. Descubrió este talento sólo cuando retó a todos en la clase a que intentaran algo nuevo. Otro estudiante del mismo curso descubrió el trabajo de acolchado. Ninguno habría reconocido estos talentos si no hubieran decidido hacer algo distinto.

Crié abejas durante varios años. Esa era una actividad absorbente que daba gran placer y satisfacción. Me dedicaba deliberadamente a esto porque era totalmente distinto a todo lo que había hecho antes. Fabricar papel es otro pasatiempo que realicé por un tiempo como resultado de este ejercicio en particular.

No importa cuál sea la nueva actividad. En muchos aspectos, entre más inusual es, mejor es el resultado; se aprende algo nuevo y diferente. Esto aumenta nuestro conocimiento del mundo. Podemos descubrir que tenemos talento en diversas actividades, y como resultado hacemos nuevos amigos. También aumentamos nuestra creatividad natural.

También podemos involucrar a Rafael en este ejercicio. Mientras se comunica con él, pídale que lo ayude a descubrir actividades que podría hacer. Dígale que necesita ideas que sean estimulantes y lo ayuden a desarrollar más la creatividad. No evalúe las ideas cuando lleguen a su mente; después habrá mucho tiempo para eso.

Después que termine la sesión, ponga por escrito todas las sugerencias y luego piense en cada una. Algo que en principio descartó, podría fascinarlo cuando lo medite posteriormente. Escoja cuatro o cinco posibilidades, y luego acuda a Rafael de nuevo para que lo ayude a elegir la apropiada para comenzar. Necesita una actividad que sea desafiante, estimulante e incluso un poco atemorizante. Cuando se decida por una sola actividad, aprenda lo que pueda de ella, y luego practíquela.

Muchas actividades que inicie a consecuencia de este ejercicio, no serán de su interés por mucho tiempo. Eso no importa; lo importante es que haya salido de su zona de comodidad y hecho algo diferente.

Ejercicio de creatividad con los chakras

Este ejercicio involucra los chakras recibiendo y probando ideas creativas. Se puede usar para evaluar una idea que ya tenemos, o generar nuevas ideas.

Siéntese o acuéstese cómodamente, y relájese de la manera usual. Pídale a Rafael que se haga presente. Cuando llegue, dígale lo que piensa hacer y el resultado que desea. Camine a través del arco iris con el arcángel, dejando que la energía de cada color revitalice sus chakras.

Después de salir del color violeta, visualícese en el escenario más hermoso que pueda imaginar. Avance a través del paisaje con Rafael, y encuentre un lugar apropiado donde puedan sentarse y hablar.

Cuando estén cómodos, menciónele a Rafael su idea, si ya tiene una en mente. Si aún está buscando inspiración, dígale el tipo de actividad que quiere. Hable de esto todo el tiempo que quiera. No dude en decirle sus ideas, y escuche atentamente las sugerencias de Rafael.

Cuando se decida por una idea específica y la tenga clara en su mente, pregúntele al chakra del corazón cómo se siente al respecto. Podría sentir un resplandor positivo y expansivo en su pecho, lo cual le indicará que este chakra le gusta la idea. Tal vez experimente una sensación de presión y encogimiento, indicando que al chakra del corazón no le gusta la idea. Es probable que no sienta nada en lo absoluto, lo cual sugiere una respuesta neutral de este centro energético.

Si recibe una respuesta positiva del chakra del corazón, pregúntele a su chakra sacro qué piensa de la idea. El segundo chakra tiene que ver con la creatividad, y responderá de la misma forma que el chakra del corazón.

Si el chakra sacro también le da una respuesta positiva, pregúntele al chakra de la garganta qué opina de la idea. Este centro energético tiene que ver con la comunicación y la expresión de la personalidad propia. Si va a poner en marcha su idea, necesitará el apoyo de este chakra.

Después de esto, discuta la idea con Rafael una vez más. Dígale cómo se sintió cada chakra cuando evaluó la idea. Vea si él tiene reservas o sugerencias. Si su idea básica es alterada a consecuencia de esta conversación, pídale de nuevo la opinión a los chakras.

Cuando quede satisfecho con la idea, retroceda lentamente por el arco iris con Rafael. Agradézcale la ayuda al arcángel. Sea consciente de dónde está sentado o acostado. Cuando se sienta listo, abra los ojos, estírese y empiece a realizar la idea.

Labrar la vida

Usted es un ser humano perfecto. Es probable que haya aspectos de su ser que le gustaría cambiar, pero en el fondo es íntegro y perfecto. Desde luego, tendrá problemas y dificultades de vez en cuando a lo largo de la vida. Todos tenemos experiencias diferentes para aprender las lecciones que deben ser superadas en esta existencia.

Algunas de ellas serán de naturaleza kármica. Karma es la ley de causa y efecto. Un acto bueno hecho hoy, generará en el futuro algo agradable para la persona; ese es el karma positivo. Sin embargo, algo hecho con mala intención también debe ser pagado posteriormente; ese es karma negativo. Rafael no puede eliminar estas deudas kármicas porque son lecciones que deben ser aprendidas a fin de que el alma se desarrolle. No obstante, él siempre está dispuesto a ayudarnos a manejar nuestro karma, además de brindarnos integridad y unidad.

Muchos de los problemas que ocurren con la integridad y unidad son consecuencia de una falta de aceptación de sí mismo. La vida es más agradable cuando nos aceptamos como somos. Como todos los demás, usted y yo somos una mezcla de rasgos positivos y negativos, y éstos pueden habernos hecho sentir mal o indignos.

¿Se ha aferrado a un agravio o rencor durante mucho tiempo? Yo lo he hecho. Los sentimientos de este tipo causan tensión y estrés en el cuerpo. Los conflictos de cualquier clase tienen una respuesta emocional en el organismo, que al final pueden conducir a problemas físicos. Por difícil que sea, es mucho más sano dejar atrás el agravio o rencor.

El método oriental de "seguir el flujo de las cosas", de aceptar lo que ha sucedido, y no resistirse o luchar contra lo inevitable, conduce a la unidad e integridad. Esto no significa que debemos permitir que otros nos pisoteen, o aceptar sumisamente todo lo que nos impongan. Cuando empiece a practicar este concepto, todos los aspectos de su vida serán más armoniosos, fáciles y agradables.

Generalmente los problemas en la vida son causados por nuestro ego. Una vez que nos liberamos de este "yo" dentro de nosotros, y fluimos con el ritmo eterno de la vida, empezamos a aprovecharlo y a trabajar con él, y creamos una existencia valiosa y significativa.

Rafael está dispuesto a ayudarnos a labrar la mejor vida posible. En sus sesiones regulares con él, pídale consejos cada vez que los necesite.

Once

CONCLUSIÓN

COMO vimos, el arcángel Rafael tiene muchos roles, y está dispuesto a ayudarnos de diferentes formas. Él quiere que tengamos el tipo de vida que siempre hemos soñado. Con su ayuda, no hay límite en cuanto a lo que podemos lograr. Una vez que usted empiece a trabajar con él, se dará cuenta de que su destino viene del futuro, en lugar del pasado. Lo que fue antes no es importante, siempre que haya aprendido de los errores. Ahora lo importante es cómo vive en el presente y qué será en el futuro. Rafael está dispuesto a ser un guía y mentor, y le ayudará en cada etapa mientras avanza en esta existencia.

He visto los resultados de la ayuda de Rafael en la vida de muchas personas, y sé que puede hacer lo mismo por usted. Todo lo que debe hacer es pedirlo. Como retribución, ayúdelo todo lo que pueda cuidando el medio ambiente.

Lea todo lo posible sobre el reino angélico. Pídales a los ángeles que lo ayuden a crecer en sabiduría y entendimiento. Familiarícese con su ángel guardián. Hay muchos libros que pueden ayudarle a hacer esto.[1] Comuníquese con su ángel guardián y los arcángeles tan a menudo como pueda. Se tornará en una persona mucho más espiritual al hacerlo, y los encuentros tendrán un efecto positivo en todas las áreas de su vida.

Espero que este libro le haya suministrado mucho material para meditar y trabajar. Ahora depende de usted. Le deseo muchos éxitos.

Notas

Introducción

1. Thomas Aquinas, citado en: Karl Barth, *Church Dogmatics*, 3 volumenes (Edinburgh, Scotland: T & T Clark Limited, 1960), Volumen 3, 391.

2. Richard Webster, *Ángeles Guardianes y Guías Espirituales* (St. Paul, MN: Llewellyn Español, 1998), XV–XVI.

3. Harvey Humann, *The Many Faces of Angels* (Marina del Rey, CA: DeVorss and Company, 1986), 30.

Capítulo Uno

1. Anna Jameson, *Sacred and Legendary Art*, volumen 1 (Boston and New York: Houghton Mifflin and Company, 1895), 119.

2. Louis Ginzberg, *The Legends of the Jews*, volumen 1 (Philadelphia, PA: The Jewish Publication Society of America, 1954), 385.

3. Asmodeo es descrito como un "espíritu maligno" en el
   The Book of Tobit (3:8) (*El Libro de Tobías*). Es considerado uno de los demonios más peligrosos, y también es
   considerado el demonio de la lujuria. Se cree que hizo
   emborrachar a Noé, e inventó la música, el baile y los
   sueños. Actualmente está encargado de todos los esta-
   blecimientos de juego en el infierno. (Gustav Davidson,
   A Dictionary of Angels, 57–58.)

4. Matthew Black, *The Book of Enoch or 1 Enoch* (Leiden,
   Netherlands: E. J. Brill, 1985), 129.

5. *The Book of the Angel Raziel* (*El libro del ángel Raziel*)
   fue escrito en tiempos medievales. Se cree que fue
   escrito por Isaac el Ciego o Eleazer of Worms.

6. Frederick G. Conybeare, "The Testament of Solomon".
   Article in *Jewish Quarterly Review 11* (1898), 1–45. Para
   más información sobre los aspectos médicos del pentagrama, vea: Dr. J. Schouten, *The Pentagram as a Medical
   Symbol* (Nieuwkoop, Netherlands: De Graaf, 1968).

7. *The Testament of Solomon* (*El testamento de Salomón*)
   está incluido en *The Old Testament Pseudepigrapha*, 2
   volumenes, editado por James H. Charlesworth (New
   York, NY: Doubleday and Company, 1983), 1960–87.

8. Anna Jameson, *Sacred and Legendary Art*, volumen 1,
   122.

9. Durante al menos mil años, la gente ha discutido la
   atribución de Mercurio a Rafael. En algunas tradiciones, Miguel es asignado a este planeta y Rafael se ocupa

del Sol. En otras tradiciones, el caso es a la inversa. Esto
se debe a que hay dos sistemas principales de la cábala.
La cábala judaica, que data de la época de Moisés, ha
sido transmitida a través de los siglos en una tradición
oral. En la Biblia, el arcángel Miguel es llamado el ángel
de Israel (Daniel 12:1). Por consiguiente, en el sistema
judaico, Miguel es puesto en la posición preeminente
del Sol, dejando a Mercurio para Rafael. La cábala
alquímica usa un simbolismo extraído de los misterios
esotéricos del Mediterráneo. Su ángel preeminente es el
arcángel Rafael, quien puede ser relacionado con el dios
griego Apolo. Éste, desde luego, era asociado con la
curación, ciencia y educación. Por lo tanto, en el sistema alquímico, Rafael es relacionado con el Sol, mientras Miguel se ocupa de Mercurio. He decidido usar en
este libro el antiguo sistema judaico.

Capítulo Dos

1. Podría comprar un libro de símbolos como ayuda para
   interpretar sus dibujos. Hay muchos de donde escoger.
   Uno que encuentro útil y accesible es: *Dictionary of
   Symbols: An Illustrated Guide to Traditional Images, Icons
   and Emblems* por Jack Tresidder (San Francisco, CA:
   Chronicle Books, 1998).

Capítulo Cinco

1. Deborah Lippman y Paul Colin, *How to Make Amulets,
   Charms and Talismans: What They Mean and How to
   Use Them* (New York, NY: M. Evans and Company,
   Inc., 1974), 99.

2. J. Schouten, *The Pentagram as a Medical Symbol* (Nieuwkoop, Netherlands, De Graaf, 1968), 15.

3. R. E. Goodenough, *Jewish Symbols in the Greco-Roman Period, Volumen 1: The Archaeological Evidence from Palestine,* 13 volumenes (New York, NY: Pantheon Books, 1953), volumen 1, 187.

4. R. E. Goodenough, *Jewish Symbols in the Greco-Roman Period, Volumen 1: The Archaeological Evidence from Palestine,* 68.

5. Henry Cornelius Agrippa de Nettesheim, *Three Books of Occult Philosophy,* editado y notado por Donald Tyson (St. Paul, MN: Llewellyn Publications, 1993), 347.

6. Henry Cornelius Agrippa de Nettesheim, *Three Books of Occult Philosophy,* 564.

7. Diodorus, citado en *Numbers: Their Occult Power and Mystic Virtues* por W. Wynn Westcott (London, UK: The Theosophical Publishing House Limited, 1890), 62.

8. R. Brasch, *The Supernatural and You!* (Stanmore, Australia: Cassell Australia Limited, 1976), 202.

9. Riane Eisler, *The Chalice and the Blade* (San Francisco, CA: Harper & Row, 1988), 72.

10. Herbert Silberer, *Hidden Symbolism of Alchemy and the Occult Arts* (New York, NY: Dover Publications, 1971; originalmente publicado en Alemania en 1914), 399.

11. Richard Webster, *Escriba su propia magia* (St. Paul, MN: Llewellyn Español, 2001), 150–155.

Capítulo Seis

1. Richard Webster, *Aura Reading for Beginners* (St. Paul, MN: Llewellyn Publications, 1996).

Capítulo Siete

1. Exodus 30:1, 30:27–34, 37:29, Leviticus 2:1–10, 10:1, 16:13, Números 16:46, Luke 1:9.

2. He encontrado útiles los siguientes libros: *Inciensos, Aceites e Infusiones* por Scott Cunningham (St. Paul, MN: Llewellyn Español, 1989), *Wylundt's Book of Incense* por Steven R. Smith (York Beach, ME: Samuel Weiser, Inc., 1989), e *Incense: Its Ritual Significance, Use, and Preparation* por Leo Vinci (Wellinborough, UK: Aquarian Press, 1980).

3. Una serie de mantras se encuentra en: *Escriba su propia magia* por Richard Webster (St. Paul, MN: Llewellyn Español, 2001), y *Practicals of Mantras and Tantras* por L. R. Chawdhri (New Delhi, India: Sagar Publications, 1985).

4. Richard Webster, *Escriba su propia magia*, 106.

Capítulo Ocho

1. Camillus Leonardus, citado en *History and Mystery of Precious Stones* por William Jones (London, UK: Richard Bentley and Son, 1880), 31.

2. Bruce G. Knuth, *Gems in Myth, Legend and Lore* (Thornton, CO: Jewelers Press, 1999), 77.

3. Damigeron, traducido por Patricia P. Tahil, *De Virtutibus Lapidum: The Virtues of Stones* (Seattle, WA: Ars Obscura, 1989), 14.

4. William Jones, *History and Mystery of Precious Stones*, 35.

5. Andreas, citado en *The Curious Lore of Precious Stones* por George Frederick Kunz (New York, NY: J. B. Lippincott Company, 1913), 311–312.

6. Camillus Leonardus, *The Mirror of Stones: In Which the Nature, Generation, Properties, Virtues and Various Species of more than 200 Different Jewels, Precious and Rare Stones are Distinctly Described.* (London, UK: J. Freeman, 1750), 228. (Originalmente publicado como *Speculum Lapidum* [Venecia, Italia, 1502].)

7. George Frederick Kunz, *The Curious Lore of Precious Stones*, 59.

8. John Sinkankis, *Emerald and Other Beryls* (Prescott, AZ: Geoscience Press, 1989), 73.

9. (Originalmente publicado en 1584, muchas ediciones disponibles; la que yo tengo fue publicada por John Rodker, Londres, 1930), 124.

10. William Jones, *History and Mystery of Precious Stones*, 31.

11. Bartolomaeus Anglicus, citado en George Frederick Kunz, *The Curious Lore of Precious Stones*, 105.

12. Onomacritis, citado en *Precious Stones and Gems* por Edwin W. Streeter (London, UK: Chapman and Hall Limited, 1877), 17.

Capítulo Nueve

1. Richard Webster, *Aura Reading for Beginners* (St. Paul, MN: Llewellyn Publications, 1998), Mark Smith, *¡Vea el Aura!* (St. Paul, MN: Llewellyn Español, 1997), y John Mann and Lar Short, *The Body of Light: History and Practical Techniques for Awakening Your Subtle Body* (Rutland, VT: Charles E. Tuttle Company, Inc., 1990) todos tienen métodos para ver auras.

2. Teilhard de Chardin, *Hymn of the Universe* (London: William Collins, 1959).

3. Estas dos citas son de la Revised Standard Version de la Biblia. La he usado porque en la versión autorizada la palabra "charity" ("caridad") es utilizada en lugar de "love" ("amor"). Significa lo mismo, pero para los propósitos de este libro, la versión de la RSV es más clara. Todas las otras citas bíblicas en este libro son de la versión autorizada.

4. Daya Sarai Chocron, *Healing the Heart: Opening and Healing the Heart with Crystals and Gemstones* (York Beach, ME: Samuel Weiser, Inc., 1989), 13.

Capítulo Diez

1. C. G. Jung, *Memories, Dreams, Reflections* (London, UK: Collins and Routledge & Kegan Paul, 1963), 308.

Capítulo Once

1. Richard Webster, *Ángeles Guardianes y Guías Espirituales* (St. Paul, MN: Llewellyn Español, 1998), 50–58.

Lecturas sugeridas

Apocrypha: The Books Called Apocrypha According to the Authorized Version. London, UK: Oxford University Press, n.d.

Black, Matthew (comentador y editor). *The Book of Enoch or 1 Enoch: A New English Edition.* Leiden, Netherlands, 1985.

Brandon, S. G. F. *Religion in Ancient History.* London, UK: George Allen and Unwin Limited, 1973.

Brockington, L. H. *A Critical Introduction to the Apocrypha.* London, UK: Gerald Duckworth and Company Limited, 1961.

Bunson, Matthew. *Angels A to Z.* New York, NY: Crown Trade Paperbacks, 1996.

Burnham, Sophy. *A Book of Angels: Reflections on Angels Past and Present and True Stories of How They Touch Our Lives.* New York, NY: Ballantine Books, 1990.

Cahill, Thomas. *Desire of the Everlasting Hills*. New York, NY: Nan A. Talese, división de Doubleday Dell Publishing Group, Inc., 1999.

Connell, Janice T. *Angel Power*. New York, NY: Ballantine Books, 1995.

Daley, Brian E. *The Hope of the Early Church: A Handbook of Patristic Eschatology*. Cambridge, UK: Cambridge University Press, 1991.

Davidson, Gustav. *A Dictionary of Angels*. New York, NY: The Free Press, 1967.

Fox, Matthew y Sheldrake, Rupert. *The Physics of Angels: Exploring the Realm Where Science and Spirit Meet*. San Francisco, CA: HarperSanFrancisco, 1996.

Ginzberg, Louis (traducido por Henrietta Szold). *The Legends of the Jews,* 7 volumenes. Philadelphia, PA: The Jewish Publication Society of America, 1909–1937.

Giovetti, Paola (traducido por Toby McCormick). *Angels: The Role of Celestial Guardians and Beings of Light*. York Beach, ME: Samuel Weiser, Inc., 1993.

Hodson, Geoffrey. *The Angelic Hosts*. London, UK: The Theosophical Publishing House Limited, 1928.

Jones, Timothy. *Celebration of Angels*. Nashville, TN: Thomas Nelson Publishers, 1994.

Lippman, Deborah and Colin, Paul. *How to Make Amulets, Charms and Talismans: What They Mean & How to Use Them*. New York, NY: M. Evans and Company, Inc., 1974.

Milik, J. T. (editor). *The Books of Enoch: Aramaic Fragments of Qumrân Cave 4*. Oxford, UK: Oxford University Press, 1976.

Muhammad, Shaykh y Kabbani, Hisham. *Angels Unveiled: A Sufi Perspective*. Chicago, IL: Kazi Publications, Inc., 1995.

Myer, Isaac. *Qabbalah, the Philosophical Writings of Solomon Ben Yehudah Ibn Gebirol or Avicebron*. London, UK: Robinson and Watkins, 1972. (Publicado por primera vez en Philadelphia, 1888.)

Parrinder, Geoffrey. *Worship in the World's Religions*. London, UK: Faber and Faber Limited, 1961.

Pseudo-Dionysius (traducido por Colm Luibheid). *Pseudo-Dionysius: The Complete Works*. Mahwah, N J: Paulist Press, 1987.

RavenWolf, Silver. *Angels: Companions in Magic*. St. Paul, MN: Llewellyn Publications, 1996.

Ringgren, Helmer (traducido por David Green). *Israelite Religion*. London, UK: S.P.C.K., 1966.

Schneider, Petra y Pieroth, Gerhard K. *Archangels and Earthangels: An Inspiring Handbook on Spiritual Helpers in the Metaphysical and Earthly Spheres*. Twin Lakes, WI: Arcana Publishing, 2000.

Schouten, J. *The Pentagram as a Medical Symbol*. Nieuwkoop, Netherlands: De Graaf, 1968.

Shinners, John (editor). *Medieval Popular Religion 1000–1500: A Reader*. Peterborough, Canada: Broadview Press, 1997.

Swedenborg, Emmanuel. (traducido por George F. Dole). *Heaven and Hell*. West Chester, PA: Swedenborg Foundation, 1976.

Sweetman, J. Windrow. *Islam and Christian Theology*, 4 volumenes. London, UK: Lutterworth Press, 1947.

Webster, Richard. *Ángeles Guardianes y Guías Espirituales*. St. Paul, MN: Llewellyn Español, 1998.

Welburn, Andrew. *Mani, the Angel and the Column of Glory: An Anthology of Manichaean Texts*. Edinburgh, Scotland, 1998.

Índice